8º R 216

182236

L'Éducation de la Pensée

RENÉ D'HÉRY

L'Education de la Pensée

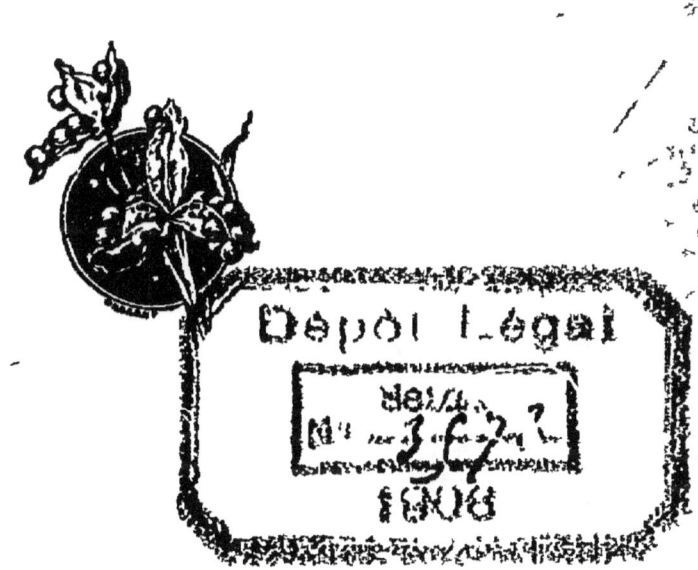

BUREAUX D'ETUDES PSYCHIQUES

110, Rue Richelieu, 110

PARIS

L'ÉDUCATION DE LA PENSÉE

INTRODUCTION

Education Physique. — Éducation de la Pensée. — Le cerveau est l'arme de l'homme. — Une pensée de Renan. — Comment a été rédigé le présent livre - Son but. — Vouloir, c'est pouvoir.

Les Sports, trop longtemps limités en France et pratiqués exclusivement par les classes privilégiées, ont pris tout-à-coup un développement si prodigieux qu'il n'est plus de famille où quelqu'un de ses membres ne s'y adonne peu ou prou.

Sans faire nombre de l'Escrime, la Boxe, l'Equitation, la Natation, l'Aviron et la Lutte, — Football, Cross-Country, Hockey, Longue-Paume, Golf, Lawn-Tennis et l'Universelle Bicyclette, à ce point entrée dans les usages qu'on ne la considère guère plus que comme un mode de locomotion, sont aujourd'hui couramment répandus. Les Sociétés de Sports Athlétiques qui étaient néant en 1887, se groupent, en 1905, sous la bannière d'une Fédération officielle, au nombre respectable de huit cents, réunissant ensemble près de cent mille adhérents. Dans toutes les classes, à Paris, comme dans les provinces les plus reculées, les clubs de jeunes athlètes se multiplient. Ils sont devenus presqu'une force avec laquelle il faut compter, bien que la politique n'ait rien à faire avec leur programme Ils ont une langue qui n'est qu'à eux ; un organe officiel «Tous les Sports» et cent autres feuilles régionales ; des règles communes, souvent sévères, auxquelles ils s'astreignent rigoureusement.

Le Football et le Cross-Country (*lisez Courses à pied dans la campagne*), recrutent leurs adeptes dans les collèges, les suivent dans leur évolution d'adolescents et les retrouvent à l'armée où il n'est presque plus de régiment qui ne cultive ces deux sports. Les ballons du Football figurent au budget de la guerre et sont distribués aux troupes gratuitement. Et n'a t-on pas vu des journaux organiser des Courses à pied qui passionnèrent le pays pendant de longues semaines et eurent même leur répercution jusqu'à la tribune du Parlement?.

Ce n'était pas assez.

Simultanément ont surgi de partout ces appareils de gymnastique en chambre *exercisers* de tous modèles et de toutes nationalités, propres à développer les muscles, à fortifier, à assouplir le corps. Il en est pour les bras, les jambes, les poignets, les mains, le buste ; en caoutchouc, en acier, en bois. Des académies s'ouvrent de tous côtés où se débitent à poids d'or biceps et jarrets, d'où l'homme le plus rachitique sort, après un mois de performance, avec des formes d'hercule de foire.

Ce n'était pas assez.

Et le Japon nous importa le Jiu-Jitsu !

*
* *

Ah ! certes, Dieu nous garde de nous élever

contre cette renaissance sportive si éminemment salutaire à tant de points de vue !

Nous y applaudissons du plus grand cœur et de toutes nos forces.

L'américain Emerson a dit, et après lui Herbert Spencer dans son si curieux, si intéressant petit livre sur l'*Education*, devenu classique dans tous les collèges d'Angleterre :

La première condition du succès dans ce monde, c'est d'être un bon animal, et la première condition de la prospérité nationale, c'est que la nation soit composée de bons animaux.

Sans prendre cette boutade humoristique au pied de la lettre, et lui attribuer plus de sérieux qu'elle ne mérite, nous convenons sans hésiter qu'en grande partie, l'avenir de notre race réside en le parfait équilibre corporel et la robustesse de nos enfants.

Cultivons donc, perfectionnons notre corps.

Mais si Herbert Spencer a prétendu que *la première condition du succès dans ce monde est d'être un bon animal*, retenons ce que notre grand philosophe Ernest Renan, qui le vaut bien, n'est-ce pas? écrit de son côté dans son livre de Philosophie et de Morale :

La grande force de nos jours est la culture de l'esprit à tous les degrés.

Cela ne doit pas être au dépens de ceci.

Nous acceptons, néanmoins, que l'Éducation physique soit une source d'énergie indiscutable et, avec Platon, que « *dans les exercices du corps, les jeunes gens se proposent surtout d'augmenter leur force morale* », bien que nous ne voyons pas très bien en quoi tirer sur un tendeur en caoutchouc, soulever des haltères, et donner du pied ou du poing dans un ballon puisse fortifier énormément le moral de nos fils.

Tout au plus conviendrons-nous que ces jeux de plein air dissipent heureusement toutes dispositions à la mollesse, chassent les rêveries débilitantes et les désirs pernicieux, stimulent notre spontanéité, notre décision, relèvent notre courage; et c'est beaucoup, déjà !

Quant à notre moral, nous ne sommes pas très sûrs, au contraire, qu'ils n'en émoussent pas la finesse, la subtilité. Notre psychologie, en un mot, se relâche, nous semble-t-il, au bénéfice que nous gagnons à ces jeux violents, et l'Education Physique, si en honneur de nos jours, nous fait des hommes certes décidés, pleins de ressort, mais manquant pour la plupart (nous allions dire de scrupules!) de ce doigté, de ce tact, de cette délicatesse de sentiment et d'appréciation, de cette agilité, de cette adresse d'esprit qui sont indispensables, qui sont les éléments mêmes du succès dans ces modernes et tortueux combats qu'on appelle communément « LA LUTTE POUR LA VIE ».

.·.

C'est très beau, très bien, d'être solidement bâti, de mettre en valeur par une culture rationnelle tous les dons physiques dont la nature nous a gratifiés.

Ce n'est pas tout.

On ne se bat plus avec les poings, mais avec le cerveau.

Pourquoi, par une culture graduée et rationnelle, ne ferions nous pas pour notre cerveau ce que nous ne regardons pas à faire pour notre corps.

Est-il donc impossible par des exercices intelligents, progressifs, longuement réfléchis et éprouvés de développer notre faculté de penser et de juger; de soumettre notre cerveau à une gymnastique intellectuelle qui l'élèvera en puissance, en agilité, en subtilité, jusqu'à en imposer à notre prochain, et nous imposer à lui?

Les Bureaux d'Etudes Psychiques n'ont pas reculé devant l'élaboration de cette science (1).

L'ouvrage a pris le titre, en opposition à L'Education Physique dont personne ne peut nier les résultats probants, de L'Education de la Pensée.

---

(1) Nous sommes particulièrement reconnaissants à M. Théodule Branche du précieux concours qu'il nous a si spontanément apporté. C'est à M. Théodule Branche, philosophe contemporain, l'éminent auteur des *Mémoires d'un Moraliste*, que nous sommes en effet redevables de plusieurs parties de cet ouvrage, entre autres des chapitres traitant de la *Tolérance*, de la *Pitié*, de la *Justice*, etc., etc.

Mais, nous dira-t-on, conjointement avec l'Education Physique dont vous venez de nous faire toucher du doigt les bienfaits, nos fils reçoivent présentement une Instruction diverse et étendue, telle que nous, leurs aînés, nous ne saurions prétendre en avoir acquis une. Cette Instruction n'est-elle pas, en elle même la culture intellectuelle que vous nous proposez ?

Nous répondrons : Nullement.

Qui dit *Instruction* ne dit pas *Education*.

D'ailleurs, combien sont-ils ceux pui, par leur situation sociale et pécuniaire, ont pu se permettre *l'Instruction* complète dont vous parlez ? Il n'y a que dans les classes de philosophie que sont abordés les problèmes de la vie ; et encore ne les aborde-t-on que de façon abstraite et sous une forme uniquement pédagogique. Certes, telles quelles, ces études préparent indubitablement aux combats réels que l'existence nous offre chaque jour; mais nous les voudrions, pour notre part moins savantes et plus pratiques.

D'ailleurs l'élève, le futur bachelier de seize

ans, est-il à même, vu son jeune âge et dans l'ignorance totale où il se trouve encore des terribles et meurtrières luttes de demain, est-il à même, disons-nous, d'apprécier toute la valeur d'une science ardue qu'il n'absorbe qu'à regret et dans laquelle il ne considère qu'un moyen de réussir aux examens qu'il prépare et qui le libéreront ? Il est permis d'en douter.

N'importe. Combien sont-ils ceux dont l'Instruction a été poussée jusqu'aux classes Philosophiques ? Et faut-il parce que le hasard de la naissance ou une fortune précaire ont interdit à tant d'autres de s'instruire au même degré, faut-il pour cela que la masse du peuple, le plus grand nombre ne bénéficient pas d'une science qui appartient à tous et qu'éternellement, ceux ci restent inférieurs, moralement, et soient les opprimés de ceux-là ?

Quelle injustice ! Et que ce serait désespérant de le croire !

Non, les études classiques ne sont pas indispensables à qui veut développer sa pensée, à affiner son esprit, à accroître sa puissance intellectuelle.

Nous affirmons que tout homme est à même d'élargir la faculté de penser qu'il apporte en soi en naissant, jusqu'à y puiser une force qui le haussera au niveau des plus instruits que lui, quand il ne les dépassera pas. Car le bon sens, les ressources de l'intelligence et du raisonnement sont au-dessus des vaines formules philosophiques, des termes abstraits appris, la plupart du temps, par routine, dans les établissements d'entraînement aux examens qu'on dénomme généralement et dédaigneusement : *Boîtes à Bachot*.

*
* *

Nous avons écrit plus haut :
Qui dit *Instruction* ne dit pas *Education*.
Nous ajoutons :
Si l'*Instruction* meuble le cerveau, l'*Education* seule l'assouplit, le rend avisé et fort.

Or, l'éducation, en dehors de la famille, n'existe plus en France, que nous la cherchions dans les écoles communales ou dans nos grands lycées.

Les programmes des examens, même du

pauvre petit certificat d'Etudes Primaires sont trop complexes, trop surchargés pour laisser place à tout autre préoccupation. Instituteurs ou professeurs ont à peine le temps de semer la « graine de savoir » que l'Etat les oblige à dispenser à mains pleines. Où prendraient-ils celui de s'occuper du terrain où cette graine tombera, germera, de le défricher et de l'amender s'il est nécessaire.

Tel on entre au collège, tel on en sort.

Il semble qu'on laisse à la nature toute liberté de croître à sa guise, avec le seul guide des instincts qu'elle porte en soi.

Ainsi, quand tel ou tel de nos organes est perfectible, grâce à des exercices normaux, quand par un entraînement rationnel on développe notre buste, on fortifie nos membres, le cerveau est appelé à demeurer figé dans son origine. Vient-on au monde le cerveau affligé de quelque tare intellectuelle : vanité, égoïsme, insensibilité, faiblesse de volonté, compréhension lente, anémie morale, peur, hypocondrie, manque de scrupules, exagération des faits, amnésie, que sais-je ? Vient-on au monde le cerveau contrefait, obtus, telles cellules empiétant sur telles autres, enfin, que le cerveau, qui physiologiquement fait partie intégrante du corps humain, *qui en est l'organe le plus noble*, selon l'expression même de l'Académie, que le cerveau devra, de par la négligence des éducateurs, rester stationnaire ou se développer au petit bonheur, au gré des milieux, des évènements, des hasards que l'existence ménage à celui qu'il mène !

Allons donc ! qui peut prétendre une chose aussi décourageante et à la fois si absurde.

Non, non, la conscience, la volonté, le raisonnement, le jugement, l'analyse, l'imagination, l'attention, la concentration et l'association des idées sont sciences naturelles ; nous les avons toutes en nous et, par l'étude, nous sommes à même d'en accélérer la croissance normale et de les parfaire.

Or l'Instruction ne peut rien pour cela. Et si l'Etat a pris à son budget la responsabilité d'*instruire* la nation nouvelle, il n'a pas pris celle de l'*éduquer*.

Aussi qu'arrive-t-il ?

Il arrive trop souvent que les meilleurs fruits des Ecoles, *les forts en thème*, comme on dit, la tête nourrie d'érudition, les poches bourrées de diplômes — certificat d'études primaires, brevet élémentaire, brevet supérieur, baccalauréat, etc., etc., — entrent dans la vie, gonflés d'eux-mêmes, pleins de présomption et d'outrecuidance, énergiques, oh! combien! de toute l'énergie physique qu'ils ont puisée dans la pratique des sports..., et s'en vont trébuchant dès les premiers pas, ignorant le monde et ses rouéries, incapables de se conduire dans les embûches quotidiennes, et encore plus de s'y défendre; pareils à ces gros bourdons bruyants et prétentieux que nous voyons se cogner d'un mur à l'autre de nos appartements, donner contre les vitres à les briser, puis finalement se laisser prendre à la première toile d'araignée qu'ils rencontrent.

Que sera-ce donc pour les fruits secs, pour les élèves moins intelligents ou moins aptes à l'étude, eux qui n'auront même pas la magie des diplômess pour se présenter à leurs semblables et leur en imposer?

※

Reste l'éducation dans la famille. Quelle est-elle ? Que vaut-elle ?

A notre avis, rien. Soit par tendresse, soit par faiblesse, soit au surplus par manque de connaissances personnelles en la matière, les parents sont généralement de déplorables éducateurs. Outre qu'il risquent de communiquer aux enfants leurs tares intellectuelles qu'eux mêmes ignorent, leur sensibilité leur enlève tout discernement. Et ce n'est pas pour rien que le premier soin du médecin aliéniste traitant un neurasthénique ou un déséquilibré est de le soustraire à l'influence de ses intimes.

Alors donc, combien de jeunes gens, combien d'hommes et de femmes sont lancés dans l'existence si négligemment armés pour la lutte ! Combien en voyons nous, intelligents, braves et travailleurs succomber dès leurs premiers pas, ou végéter, impuissants à faire leur trouée dans la foule, à s'arracher à l'ascendant d'un patron retors ou de collègues plus adroits !

Les malheureux ! Ils ne savent pas *déduire* les effets *des causes*; et, incapables de démêler ce qui se passe en eux, comment soupçonneraient-ils et préviendraient-ils les desseins d'autrui.

Voyez les : ils sont irrésolus, tout les accable; et conscients qu'ils portent sous leur front une intelligence et une volonté, il leur manque les premiers éléments pour éclairer cette intelligence et le moyen simple et pratique d'user de cette volonté.

Ils s'écrient : « Je ne suis pas plus bête qu'un autre ! Comment se fait-il que je n'arrive pas ! Ma pensée va au devant des choses, et, à la seconde d'atteindre son but, une brume semble s'élever entre elle et ce but, et elle s'arrête, et je suis désarmé. Je ne puis pas, je ne puis pas ! ! ».

Jamais le chemin limpide et droit, la belle route plane des décidés et des clairvoyants ne s'ouvrent devant eux. Ont-ils un projet en tête ? au lieu d'y courir directement, de mettre tout en œuvre pour le réaliser, ils doutent et tergiversent ; cent empêchements s'interceptent et les dévoient ; et las avant d'avoir commencé à agir, ils se rebutent, ils s'écrient :

— A quoi bon ! je n'ai pas de chance. Rien ne me réussit ! !

.'.

C'est à ceux là que nous prétendons venir en aide; c'est pour eux que nous avons écrit L'EDUCATION DE LA PENSÉE.

Qu'ils lisent, qu'ils méditent ce cours patiemment, qu'ils en fassent le livre de leur chevet, qu'il soit à leur *Volonté* faible, à leur *Pensée* débile, ce que les Sports sont aux corps rachitiques.

Certes, c'est un long effort que nous leur demandons ; mais qu'ils se disent sans se décourager que le succès est au bout.

Et cet effort soutenu sera d'ailleurs le premier exercice et le plus salutaire que nous leur proposerons.

VOULOIR, C'EST POUVOIR, dit le vieux proverbe français.

Qu'ils veuillent donc et tout leur deviendra si non facile, — possible.

APPENDICE

Quelques Maximes a méditer,
  qui résument la précédente Introduction

~~~~~~

La grande force de nos jours est la culture de l'esprit à tous les degrés.

———

Si l'on sait entendre la philosophie dans son sens véritable, celui là est en effet un misérable qui n'est pas philosophe.

———

Tout ce qui sert au progrès de l'humanité quelque humble et profane qu'il puisse paraître est par le fait respectable et sacré.

———

La tendance des classes pauvres au bien

être est juste et sainte, puisque les classes pauvres n'arriveront à la vraie sainteté, qui est la perfection intellectuelle et morale que par l'acquisition d'un certain bien être.

———

Tout est fécond excepté le bon sens.

ERNEST RENAN

I

La Psychologie

Je pense, donc je suis. — La connaissance de soi-même. — Ce livre n'est pas un livre de morale. — Qu'est-ce que la Physiologie. — Qu'est-ce que la Psychologie. — La Psychologie est toute d'observation.

Descartes a dit : « Je pense, donc je suis. »

Chacun étant à même de développer sa faculté naturelle de penser, il va de soi que plus il s'y appliquera, plus il sera fort et plus il acquierra d'empire sur son semblable, d'autant plus d'empire que celui-ci aura moins que lui-même éduqué sa pensée.

Qu'est-ce donc que penser dans le sens que nous voulons donner ici à ce mot ?

Penser c'est savoir envisager les faits, en rechercher les tenants et aboutissants, en percevoir les *causes* pour en prévoir les *effets*.

C'est connaître les faiblesses, les vertus et les passions d'autrui et c'est, en ayant pleinement conscience des nôtres, les utiliser à notre profit.

Qu'avant tout celui qui s'adonne à l'étude de ce livre pour le plus grand bien que sa santé morale et de sa force intellectuelle, apprenne à bien se connaître, à récapituler ses défauts et ses qualités, à s'en rendre maître à en user, — des uns et des autres, mon Dieu, oui, pourquoi pas? — comme d'armes toujours aiguisées, toujours prêtes dans les luttes quotidiennes que tous, tant que nous sommes, nous avons à livrer ici-bas.

Une pareille assertion pourra offusquer les moralistes. Il n'en est pas moins vrai que certains de nos défauts valent, pour ce que nous voulons en faire, les meilleures de nos qualités. Le tout est de les contenir à son gré et de n'en user qu'à bon escient,

La colère, la vengeance qui en elles-mêmes sont viles, ne sont-elles pas sacrées dans bien des cas? Ce n'est pas pour rien que l'Eglise a qualifié certains mensonges, des *mensonges pieux*.

Il va sans dire, néanmoins qu'il serait paradoxal d'ériger en principes immuables ces exceptions.

Toujours est-il que tout homme porte en soi ses tares.

Puisque, quoiqu'il fasse, il ne saurait prétendre s'en débarrasser, — nous ne disons pas les atténuer ! — qu'il tâche au moins de les rendre le plus utiles à ses projets, tout en essayant qu'elles pèsent aussi peu que possible à ses semblables.

Et comme tout se répète et se recommence, en nous connaissant bien nous-mêmes, nous approcherons de connaître autrui.

Il n'y qu'un nombre limité de passions, de vices, de vertus.

Il y a donc certitude que nous retrouvions chez notre prochain ce que nous aurons étudié en nous, préalablement.

Lire dans les cartes de son adversaire, n'est-ce pas partie gagnée pour le joueur.

.

PHYSIOLOGIE ET PSYCHOLOGIE, des passions qui

nous agitent, de nos vices et de nos vertus, quelques-uns relèvent de la Physiologie et la plupart de la Psychologie.

La faim, la soif, la colère aussi et l'amour bien souvent sont des phénomènes physiologiques, et encore la colère et l'amour appartiennent-ils autant à la psychologie qu'à la physioligoe.

Q'EST-CE QUE LA PHYSIOLOGIE ? La Physiologie est la science des fonctions de la vie. Etymologiquement, le mot physiologie (du grec *phusis*, nature, et *logos*, discours) signifie « Histoire de la nature », mais il a beaucoup dévié de son sens original. On l'emploie, aujourd'hui pour désigner l'étude des organismes dans leur *état actif.* La physiologie existe donc conjointement avec *l'anatomie* et se rapproche de cette science qui, elle, étudie les organismes à *l'état de repos.*

L'anatomie est la description des organes, des tissus, de leur agencement; la physiologie est l'étude des fonctions de ces mêmes organes.

Les bras, les jambes relèvent de *l'anatomie*; les mouvements des bras, des jambes, la marche par exemple, relèvent de la *physiologie.*

Or dans la physiologie rentre évidemment l'étude des fonctions du cerveau, et le cerveau est, comme tout le monde le sait, l'organe de la pensée.

Nos instincts, nos mouvements cérébraux tout impulsifs, tels que la colère, la haine, l'amour, sont des cas physiologiques; mais ils sont, à cause de la pensée, du raisonnement restrictif qui les tempère, également des phénomènes d'ordre psychologique.

Qu'est-ce donc que la Psychologie? La psychologie embrasse la *pensée, la réflexion, la sensation, l'émotion, l'amour, la mémoire, la délibération, la volonté*. C'est en un mot l'histoire et la connaissance de toute l'ame humaine.

Autrefois les grands philosophes se plaçaient dans l'absolu et déduisaient de principes imuables, indiscutables, les considérants qu'ils appliquaient à la science de l'âme. Tels les Descartes, les Malebranche, les Spinoza, les Leibniz.

C'étaient plutôt des métaphysiciens que des psychologues.

La *métaphysique*, en effet, traite des causes premières et n'est faite que d'abstractions.

Aujourd'hui on est plus rationnel. La psychologie proprement dite, a pris la place prépondérante occupée naguère par la métaphysique.

La science de la pensée et de l'âme humaine s'édifie sur des faits dont chacun peut vérifier l'authenticité et la valeur. Et c'est pourquoi cette science devient à la portée de tout le monde et qu'il n'est pas besoin, comme nous le disions plus haut, d'études bien étendues pour se l'assimiler et en tirer profit.

La psychologie est la base de la logique; sans psychologie, point de raisonnement possible; l'on est désarmé devant le destin et les hommes.

C'est pour cela que cette science est indispensable, à qui ne se contente pas d'être la barre d'un gouvernail entre les mains d'autrui.

La psychologie nous met à même, non seulement d'échapper à l'ascendant des autres, mais de nous gouverner, et, plus tard, de gouverner les autres à notre bénéfice!

Nous ne saurions trop le répéter, avant tout connaissons-nous nous-mêmes!

Car avant de donner des règles à la pensée,

n'est-il pas indispensable de savoir comment la pensée s'élabore et quelles sont ses aptitudes naturelles?

Avant de donner des règles au raisonnement, ne faut-il pas avoir constaté quels phénomènes sont les siens et connaître quelles formes il revêt et quelles sont les ressources et les exigences de ses formes?

*
* *

La psychologie est toute d'observation.

Or il y a deux espèces d'observation : l'observation intérieure et l'observation extérieure.

Qui nous dira que tels gestes de notre semblable expriment l'amour et tels autres, la haine, si nous ne l'avons pas constaté nous-mêmes, par nous-mêmes !

Observez-vous, étudiez-vous, épiez les moindres manifestations de votre être, interrogez-vous sur l'origine de toutes vos actions, que votre esprit soit le miroir de votre âme; sans vanité et sans fausse honte, pénétrez-vous des qualités que vous possédez; et sans mauvaise foi, avouez-vous et comptez vos défauts.

Il n'y a pas d'*effet* sans *cause*. Cela est en raison directe de ceci.

C'est à force de vous questionner que les réponses vous deviendront faciles et qu'insensiblement vous verrez clair en vous.

APPENDICE au Chapitre Iᵉʳ

L'homme est le plus dénué de tous les êtres. Menacé de tous côtés par les dangers les plus divers ce n'est pas trop pour y échapper d'une prudence toujours en éveil.

D'un pas inquiet, jetant autour de lui des regards plein d'angoisse, il suit son chemin, aux prises avec des hasards et des ennemis sans nombre.

Ainsi, il allait à travers les solitudes sauvages, ainsi il va en pleine vie civilisée. Pour lui, nulle sécurité :

Qualibus in tenebris vitæ, quantisque périclis Degitur hocc'ævi, quodcunque est!

———

Tout ce que nous cherchons à saisir nous résiste! tout a sa volonté hostile qu'il faut vaincre.

... *La vie de l'homme est un combat perpétuel non pas seulement contre des maux abstraits, la misère, l'ennui; mais contre les autres hommes.*

Partout on trouve un adversaire : la vie est une guerre sans trêve, et l'on meurt les armes à la main (1).

Arthur Schopenhauer.

---

(1) La Douleur du Monde. *Pensées et Fragments* traduits par J. Bourdeau. (Alcan Lévy, Editeur).

II

De la Volonté

Se concentrer. — L'Instinct. — L'Instinct chez les animaux et chez l'homme. — Qu'est-ce que la volonté? Le déterminisme. — Le plus grand ennemi de notre volonté c'est nous-mêmes. — L'égoïsme.

Le premier devoir de qui veut regarder en soi-même est d'apprendre à se concentrer.

Se concentrer signifie réunir sur un même objet, et, en l'espèce, sur l'objet que nous proposons à notre méditation, toutes nos facultés intellectuelles.

Pour se concentrer, il faut savoir s'isoler, faire le vide moralement autour de soi, appeler toutes les énergies de notre esprit à notre secours, mettre à contribution, en un mot : notre volonté, notre mémoire, notre sensibilité.

En général ces énergies sont distraites,

diffuses et agissent presque indépendamment de nous, sans effort. Elles sont plutôt au service de nos sens qu'à celui de notre intelligence.

Exemple : vous avez une tâche à remplir qui vous pèse, mais que vous remplissez cependant. Il a été nécessaire que votre *volonté* agisse pour vous y déterminer.

Instinctivement votre rêverie vous a reporté à une époque un peu éloignée et vous tâchez de vous souvenir d'un fait, d'une personne qui vous échappent : votre *mémoire* et encore une fois *votre volonté* se trouveront en jeu dans le mince effort qu'il vous aura fallu faire pour cela.

Enfin si le fait, la personne que vous vous êtes ainsi rappelés vous ont touché de près, s'ils éveillent en vous un souvenir qui vous émeut, votre *sensibilité* se joindra aux deux facultés intellectuelles que vous aurez agitées à leur sujet. Mais ce travail cérébral aura été si léger qu'il vous semble presque instinctif.

Il en sera autrement si vous rassemblez ces trois énergies dans un effort de concentration.

Vous leur ferez rendre tout ce qu'elles peuvent produire pour éclairer, mettre en valeur le but de vos réflexions.

Que notre lecteur ne s'y trompe pas, se concentrer est une tâche difficile, car notre esprit a toujours tendance à nous échapper à se disperser autour de nous.

Il lui faudra un effort continué pendant longtemps pour y parvenir.

Et que sera cet effort ?

La Volonté.

*
* *

Deux forces nous font agir : l'*Instinct* et la *Volonté*.

L'Instinct est une activité irréfléchie, animale, automatique, si l'on veut, ignorant de ses fins et imperfectible, que commandent nos besoins et nos désirs. Il est plutôt d'ordre physiologique que psychologique et commun aux bêtes comme à l'homme.

C'est par instinct que le petit poulet brise la coquille de l'œuf où il a été conçu; c'est par instinct qu'avant toute expérience il pique avec son bec la première graine qu'il rencontre,

C'est par instinct que les petits canards, couvés par une poule, se jettent à la rivière et nagent. C'est par instinct, par prévision instinctive de l'hiver que l'abeille remplit sa ruche de miel, pendant la saison des fleurs; que l'araignée tisse la merveilleuse dentelle qui est sa toile; que le pigeon voyageur retrouve son colombier; que le chien aboie aux passants; que le cheval a toujours tendance à s'orienter vers son écurie.

L'animal talonné dès sa naissance par la nécessité matérielle, celle de vivre, et par conséquent de se nourrir et de se défendre, semble avoir un instinct plus développé, et en tout cas plus précoce que celui de l'homme. L'enfant quand il vient au monde possède autour de lui une mère attentive qui prévoit à tous ses besoins et y pare, et ceci depuis des siècles et des siècles. De là, l'inutilité de l'instinct chez l'enfant; l'atavisme ne lui aura pas légué cette intelligence impulsive et irréfléchie de se nourrir lui même, et, lui faire saisir entre ses lèvres le sein maternel nécessite tout un petit apprentissage que n'ont pas à traverser les petits chiens, les petits chats par exemple.

L'instinct n'est pas perfectible, avons-nous dit. Il est certain que les abeilles d'aujourd'hui usent des mêmes procédés pour butiner les fleurs, faire leur miel, emigrer en grappe autour de leur vieille reine, qu'elles employaient au temps d'Hormère et de Virgile.

Il n'en est peut-être pas tout à fait ainsi à l'égard de l'homme. L'homme le plus rudimentaire, quand il s'agit de gagner son existence ou de protéger sa famille, montre souvent un instinct si subtil qu'il vaut presque de l'intelligence et mieux qu'un mauvais raisonnement. Les finasseries si énervantes des gens de campagnes sont plus instinctives que réfléchies.

C'est par prudence, par méfiance, sans doute que le paysan normand ne répond jamais nettement ni oui, ni non. Mais cette prudence, cette méfiance, il ne la raisonne pas : pas plus que le marseillais ne raisonne ses exagérations contraires. L'un et l'autre cèdent à leur instinct, à leur intelligence physiologique, si vous voulez. Il est vrai qu'il serait bien difficile de dire, chez l'un et chez l'autre où commence l'intelligence et où finit l'instinct.

2.

L'un finira, en tout cas, où commence la faculté de *vouloir*.

Avec la volonté nous quittons l'instinct, la vie animale, pour entrer dans la vie proprement humaine.

Qu'est-ce donc que la volonté?

La volonté est la faculté de se déterminer librement à faire ou ne pas faire.

Librement disent Littré et l'Académie. Ne nous méprenons pas, le déterminisme seul est libre, car l'exécution de notre volonté ne l'est guère !

Il ne s'agit pas ici d'une de ces volontés irréalisables, au-dessus de nos forces ou entravées par des obstacles matériels.

Bien certainement, l'homme aurait beau vouloir s'élever dans les airs et voler par ses propres moyens, il ne le pourrait. Non. Nous entendons parler de ces volontés normales, que nous mettons à l'épreuve tous les jours et que nous sommes bien libres, en effet, d'exécuter, mais contre lesquelles nos passions : égoïsme, paresse, vanité, etc., etc., élèvent cent et cent travaux de défense qui nous y font renoncer, à moins que nous ne déployions pour venir à bout de tels remparts une énergie patiente, et disciplinée.

Un exemple :

Qu'un fumeur veuille se défaire du jour au lendemain de sa déplorable et délicieuse habitude. Il semble qu'il soit aussi libre de se déterminer à cette résolution que de l'exécuter. Il n'a qu'à vouloir, rien ne l'en retient.

Hélas ! combien de volontés se sont brisées à ce projet en apparence si simple ?

C'est que notre volonté est la prisonnière et souvent l'esclave de notre personnalité physique et psychique. La volonté, c'est la grande guerrière de nos vertus psychologiques et qui se manifeste rarement sans d'ardents combats, à moins qu'elle ne satisfasse nos penchants naturels ou nos habitudes.

Notre volonté n'a pas de plus grand ennemi que nous-mêmes.

**

Quel est le meilleur et le plus ordinaire facteur de notre volonté ?

Notre égoïsme.

Quel est le plus grand obstacle à notre volonté ?

Notre égoïsme.

Au fond de votre âme, la tapissant toute, étageant toutes vos pensées, tous vos actes, tous vos projets, voilà ce qu'au premier regard, ami lecteur, vous trouverez, si vous vous repliez sur vous-même : Votre égoïsme.

Non pas l'égoïsme comme on l'entend dans le langage courant et qui est essentiellement accapareur. Cet égoïsme-là est un défaut mesquin et un peu sot, puisqu'il prévient tout le monde contre qui le pratique.

L'égoïsme dont nous parlons et que quelques philosophes modernes ont appelé *egotisme*, (de l'anglais *egotism*) pour le distinguer de l'autre qui est d'essence trop étroite pour relever de la philosophie, *l'égotisme*, disons-nous, est l'amour exclusif de soi qui fait qu'on rattache tout à sa propre personne. Il se dissimule presque sous toutes nos actions et s'infiltre jusque dans nos vertus.

L'égoïsme est le sentiment instinctif, primordial, de l'être. L'enfant et le sauvage sont égoïstes sans le savoir.

A leurs yeux, leurs besoins seuls existent, et l'idée de les satisfaire se présente seule à leur obscur cerveau.

Par une longue suite d'expériences répétées, l'organisme arrive à comprendre qu'il vit au milieu d'organismes pareils à lui, ayant aussi des besoins et la volonté de les satisfaire. L'instinct brutal de la force le pousse d'abord à refouler ces organismes rivaux ; puis, averti par quelques blessures, il comprend l'avantage de partager la proie au lieu de lutter pour le tout; les idées de droit, d'équité, de convention mutuelle, naissent dans son cerveau ; il hausse son esprit à la pensée de la solidarité; le monde barbare a vécu, l'état social est créé.

L'égoïsme foncier du paysan tient à son ignorance. Quand ses yeux regardent autour de lui, il se voit le centre du monde.

Sa pensée s'illusionne de même.

Ses intérêts lui paraissent exister seuls ; il ne se pose pas la question de savoir s'il y en a d'autres.

Par un effet d'optique très réel, en nous révélant les infinis et l'immensité des mondes, l'étude rapetisse à nos yeux nos intérêts personnels.

Tout se juge par relativité. Notre propre vie nous apparaît moins importante quand la science nous montre le peu qu'elle est dans la vie universelle. Les quelques dizaines d'années qui nous sont dévolues semblent à peine une seconde dans l'infini du temps; notre être est un atome sur ce globe qui est lui-même un atome dans l'univers.

Quand on y songe, nos joies, nos souffrances, notre rôle social, tout cela paraît un détail bien petit, bien mesquin dans l'histoire des mondes et des espèces, et le sacrifice de ces misères en devient plus aisé.

L'altruisme naît en nous de la science et de la philosophie.

Voilà ce que l'on peut dire de l'égoïsme au point de vue général. Mais au point de vue particulier constatez-le hélas ! tout ce que vous pensez n'a qu'un but mystérieux et qui ne se révèle peut-être pas toujours à vous-même, tant il est en vous, naturellement, profondément, instinctivement en vous ; tout ce que vous pensez, tout ce que vous faites, tend à votre bénéfice pour le moins moral.

Pleurez-vous la mort de l'ami le plus cher ? C'est beaucoup sur vous-même que vous pleurez, sur les bonnes relations rompues, sur les souvenirs d'un passé vécu ensemble, sur un appui qui maintenant vous fera défaut.

Sinon le premier cri, du moins la première sensation de la veuve, quand l'être aimé vient de rendre le dernier soupir, n'est-elle pas celle-ci : « Il n'est plus, *que vais-je devenir* !

La pitié est peut être l'une des mille formes de l'égoïsme ; et l'amour qui paraît être le don entier de soi-même exige, à peine né, la réciprocité. Donnant donnant.

L'aumône même comporte sa part d'égoïsme; elle vous flatte intérieurement, vous relève à vos propres yeux, vous procure une satisfaction. Et la preuve que c'est bien pour cette satisfaction que vous faites l'aumône, c'est que vous gardez rancune au pauvre qui repousse votre morceau de pain. Il vous a frustré de cette satisfaction; et votre déception est si grande que vous vous garderez de faire l'aumône pendant un temps plus ou moins long, après.

Vous dites: « On ne fait pas le bien pour s'attirer de la reconnaissance. » Mais, à la vérité, malgré vous-même, instinctivement, vous ne le faites que pour cela.

Pourquoi l'enfant est-il suprêmement égoïste, ainsi que tout le monde le dit et le sait? Parce que l'enfant a l'âme toute neuve, qu'il n'a pas appris à dissimuler son égoïsme encore et que son égoïsme tout vert éclate mieux à tous les regards.

La mère, seule, peut-être n'a pas d'égoïsme à l'égard de son enfant.

Cependant elle est flattée lorsqu'il lui ressemble, ou lorsqu'il ressemble à son père ou bien à ses parents à elle, parce qu'elle aime son mari et ses parents.

L'orgueil est une des manifestations de l'égoïsme. C'est l'exagération de notre propre valeur et la vanité que nous en tirons.

Et si vous lisez ce livre, ami lecteur si semblable à moi-même, si vous avez dépensé l'argent de ce livre, si vous prenez tant d'heures de votre temps à le comprendre, à vous en pénétrer, c'est encore avec l'espoir que vous y puiserez la science d'exalter votre *moi*, de vous grandir, de vous hausser au-dessus des autres hommes et de vous imposer à eux.

Vous êtes un *égotiste*, comme nous le sommes tous, et les hypocrites seuls le nieront.

APPENDICE au Chapitre II

Le concept de la liberté à le considérer exactement, est négatif. Nous ne nous représentons par là que l'absence de tout empêchement et de tout obstacle : or, tout obstacle étant une manifestation de la force, doit répondre à une notion positive.

La liberté physique *consiste dans l'absence d'obstacles matériels de toute nature... Mais le plus souvent, dans notre pensée, l'idée de liberté est l'attribut des êtres du règne animal dont le caractère particulier est que leurs mouvements émanent de leur* volonté, *qu'ils sont, comme on dit,* volontaires, *et qu'on les appelle libres, lorsqu'aucun obstacle matériel ne s'oppose à leur accomplissement.*

La volonté est-elle libre?

... La notion de liberté, qu'on n'avait conçue jusqu'alors, qu'au point de vue de la puissance d'agir, *se trouvait maintenant envisagée au point de vue de la* puissance de vouloir (1).

SHOPENHAUER.

L'égoïsme est colossal, l'univers ne peut le contenir. Car si l'on donnait à chacun le choix entre l'anéantissement de l'univers et sa propre perte, je n'ai pas besoin de dire quelle serait la réponse.

Chacun se fait le centre du monde, rapporte tout à soi : il n'y a pas jusqu'aux grands bouleversements des empires, que l'on ne considère d'abord au point de vue de son intérêt, si infime, si lointain qu'il puisse être.

Leurs principes fermes, les instincts antimoraux, une fois mis en mouvement, par les

---

(1) *La Morale* par SHOPENHAUER, traduction de Salomon Reinach (Félix Alcan).

impressions du dehors, nous domineraient impérieusement,

Tenir ferme à ses principes, les suivre en dépit des motifs opposés qui nous sollicitent c'est ce qu'on appelle se posséder soi-même (1).

SHOPENHAUER.

---

(1) *Pensées et Maximes*, traduction de J. BOURDEAU (Félix Alcan, éditeur).

III

De la Volonté (suite)

Encore l'Egoïsme. — L'Egoïsme mobile de notre volonté. — L'Egoïsme obstacle à notre volonté. — La paresse est une forme de l'égoïsme. — Concentration de notre Volonté. — Un exemple et un exercice.

Tout ce que nous envisageons, tout ce que nous projetons a pour mobile notre égoïsme, c'est-à-dire notre intérêt. Nous ne tentons rien qui ne nous soit de quelque rapport. L'effort que nous donnerons dans notre travail sera toujours en raison directe du prix qu'il nous sera payé.

Pourquoi les fonctionnaires, en général, apportent-ils tant d'indifférence, tant de mollesse à la tâche que le gouvernement ou l'administration dont ils dépendent leur confient ? C'est que quelque énergie qu'ils y mettraient, ils ne sauraient prétendre d'avancement avant une date, un temps de présence, une limite d'âge qui leur sont assignés et qu'ils connaissent, et, qu'à part le favoritisme, rien ne les fera passer avant leur tour, à un emploi supérieur.

Aussi combien le favoritisme est-il en honneur dans leur corporation ! Toutes leurs pensées, toutes leurs persévérances sont tournées de ce côté.

Nuls autres qu'eux ne pourraient nous être d'un meilleur exemple pour démontrer que l'égoïsme qui est le mobile de tous nos actes, en est aussi l'obstacle le plus sérieux.

En effet, au peu d'ardeur que les fonctionnaires apportent à leur besogne, ils doivent cette accoutumance néfaste à se laisser aller au ronron quotidien de cette besogne. Rien ne les intéresse guère plus en dehors du tableau d'avancement ; ils vieillissent dans leurs postes, mal payés et, comme dit M. Maneuvrier dans son beau livre de l'*Education de la bourgeoisie* « Ils assistent chaque jour dans le néant d'une occupation à peu près stérile, à la décadence et à l'engourdissement graduel de leurs facultés mais, par contre, ils trouvent l'ineffable jouissance d'être dispensés de penser, de vouloir et d'agir. » (1)

Si quelque fonctionnaire vient à lire ces lignes, qu'il ne nous en veuille pas de les avoir écrites. D'ailleurs, rien que sa détermination à tenter de s'instruire davantage, à se hausser au-dessus de sa condition présente par l'Education de sa Pensée montre, qu'il n'est pas de la catégorie de ceux dont nous parlons plus haut.

Et puis, à ce point de vue de la veulerie de nos efforts — si ces deux termes peuvent s'accoupler — quel est celui de nous qui n'est pas quelque peu fonctionnaire ?

Oh ! qu'ils sont rares les hommes dont toutes les pensées sont sans cesse tendues vers le but qu'ils désirent atteindre et qui apportent à leur tâche un effort continue et consciencieux!

Depuis l'ouvrier, l'humble manœuvre, jusqu'aux grands savants de nos Facultés, en

---

(1) *L'Education de la Bourgeoisie* (Léopold Cerf, éditeur 1888).

passant par les gros bonnets de l'Industrie et du Commerce, chacun se contente de faire ce que le patron, le chef, la nécessité ou les évènements lui commandent. La vie seule l'oblige à sortir des limites de travail qui lui sont tracées. Pour la plupart, c'est la besogne qui les presse et non eux qui pressent la besogne. Tous pensent : « J'ai ça à faire, et puis je me reposerai ou m'amuserai ». Non pas qu'ils n'entreprennent rien en dehors de leur métier, de leur état. Ce qu'ils entreprennent, c'est en amateurs, comme on dit. Et leur esprit, leurs pensées se dispersent sur une foule de choses inutiles ; ils touchent à tout un peu et ne s'arrêtent longtemps à rien !

Evidemment nous parlons en généralité. Les assidus, les persévérants ne manquent certes pas ici-bas ; et ce sont eux seuls qui arrivent.

***

Nous ne savons pas vouloir. Nous avons l'horreur de l'effort. Notre légèreté, notre dissipation rendent inerte notre esprit, et nos pensées sont toutes de surface et ne s'adaptent qu'à nos besoins.

Notre intelligence tourne autour de nous-mêmes.

Le cordonnier ramène toutes ses réflexions à ses formes, à son cuir, à son tire-points, à ses outils. Il ne songera à sa clientèle que pour lui écouler le fruit de son travail. Il ne voit pas plus loin. Il ne se dit pas qu'avec un peu plus de connaissances, il serait donné à son ambition de dépasser ses limites actuelles, de s'ouvrir de nouveaux champs de travaux, d'intérêts et de rapport.

Que lui importe la comédie ou le drame qui se déroulent perpétuellement en lui et dont il est le jouet et, trop souvent la victime inconsciente ?

Lorsqu'il échoue dans quelqu'une de ses opérations, il se contente de dire : « Je n'ai pas eu de chance ! »

Et il se désole, sans remonter à la source de son malheur, sans en rechercher profondément les causes. Sa paresse morale l'annihile complètement.

C'est contre cette paresse morale qu'il va falloir réagir. Plus l'homme est rudimentaire, plus il a de peine à remuer sa pensée, plus il est incapable d'efforts.

**

Nous conseillons à celui qui lira ce livre et qui se reconnaîtra victime de cette inertie de la volonté, de soumettre d'abord son observation et sa volonté à des exercices simples, presque enfantins, dont nous allons donner quelques exemples.

Notre lecteur choisira au hasard, chez lui, un objet quelconque, une table, un lit, un piano, un tapis, un tableau, une chaise, il importe peu, et méthodiquement l'analysera sous toutes ses faces.

Voici cette chaise. Qu'il la regarde avec attention :

Le dossier, les pieds, les montants sont en bois. Quel bois? Est-il sculpté, ne l'est-il pas? Le siège est en tapisserie, ou en paille, ou canné? Quand ai-je acheté cette chaise? Et dans quel magasin? A quelle occasion?

Vous souriez. A quoi bon ces questions saugrenues? Cette chaise est là, chez vous, cela ne vous suffit-il pas?

Non.

Le travail que je vous propose n'est pas si simple qu'il vous apparaît. Essayez-le, et dites si, deux, trois, quatre, cinq, dix fois, durant l'examen de cette chaise, votre esprit n'a pas eu tendance à s'échapper, à courir à d'autres occupations, à être insoumis à votre volonté.

Cela est-il, et il y a grand'chance, ou, hélas malchance à ce que ça soit; vite, vite, rattrapez-le, votre esprit, ramenez-le à l'objet de votre méditation. Cet objet est absurde, rididule, inutile.

Il aura stimulé votre volonté, vaincu votre paresse à penser; il vous aura obligé à une réflexion ennuyeuse, mais continue, et la grande affaire c'est de savoir passer par dessus l'ennui que vous procure une observation nécessaire.

Il aura fait plus, cet objet, si vous poursuivez jusqu'au bout la petite gymnastique cérébrale, fastidieuse, soit, indispensable, vous l'allez voir, que nous vous proposons : il aura réveillé votre mémoire, activé votre aptitude à vous souvenir, et, vous allez peut-être goûter à cet exercice salutaire des réminiscences douces, charmantes, émues, joyeuses ou mélancoliques.

Nous disions :

Cette chaise où l'ai-je achetée, et quand? Tâchez de vous le rappeler. N'était-ce pas à l'époque de votre mariage ou à tout autre moment? Etiez-vous heureux alors?... Vous aimiez peut-être et l'on vous aimait... Ou bien vous la teniez de vos parents.

En tout cas, vous voici remonté à la source. Cette chaise est née dans votre vie. Elle entre chez vous. Où, chez vous? Vous en souvenez-vous? Et depuis, n'avez-vous pas changé de logement? Si? Combien de fois?...

Or, cette chaise vous a accompagné, elle a eu sa part de vos soucis, de vos tristesses, de vos joies. Son histoire est la vôtre. Et elle ne vous a plus quitté. Elle est là, à présent, épave d'une existence remplie de tant d'incidents, de sentiments divers; elle est là, témoin des années écoulées, peut-être le seul témoin qui demeure avec vous, de ces années là.

Vous ne la regardez plus avec indifférence. Sur ce dossier que vous examiniez sans trouble, tout à l'heure, vous vous rappelez, maintenant, que telle chère main s'est posée : et sur cette chaise, tel jour déjà lointain, vous vous êtes abattu de douleur et vous avez pleuré, ou bien vous y avez goûté de lentes et ineffables rêveries, ou bien, ou bien....

Comme vous y tenez, n'est-ce pas, à cette chaise? Elle n'est plus le meuble quelconque de tantôt; vous ne regrettez pas d'avoir pensé sur elle : elle est, vous le sentez, un peu de vous-même, et votre *égoïsme* s'attache à elle de tout l'amour que vous vous portez !

Vous voyez bien qu'il n'est pas inutile de penser !

.˙.

Attendez !

Que disions-nous dans le précédent chapitre !

Nous disions : La psychologie est l'étude, la science de toute l'âme humaine.

Elle embrasse la pensée, la réflexion, la sensation, l'émotion, l'amour, la mémoire, la délibération, la volonté.

Or, ces facultés diverses n'ont-elles pas été

éveillées, mises en activité par l'observation que vous venez de faire de cette chaise?

Ne vous a-t-il pas fallu *réfléchir* et vous *souvenir* pour retrouver, où et quand, par quel moyen, vous avez acquis cette chaise? Et au rappel de tant de faits passés, quelles *sensations* quelles *émotions* n'avez-vous pas ressenties.

Ainsi, toutes vos facultés psychologiques ont été mises en branle par ce meuble d'apparence si commune et dont vous vous serviez tous les jours, peut-être, depuis de longues années, sans *penser* plus loin qu'à l'utilité qu'il vous était.

Avant tout, il vous a fallu *vouloir*, faire un effort pour enchaîner votre esprit, votre attention à cette chose, et toute votre âme a participé, que vous l'ayez voulu ou non, à votre travail cérébral.

Tant il est vrai que notre âme est *une*. Toutes ses parties se tiennent et sont solidaires entre elles.

Nous avons pris avec préméditation l'objet le plus usuel, le plus indifférent, le plus ordinaire, pour exemple et comme étude. Si une simple chaise a pu remuer tant de sensations, de souvenirs, de sentiments en nous, il va sans dire que plus l'objet de votre étude sera d'ordre élevé, plus il remuera en nous de sensations, de souvenirs, de réflexions *et cœtera*.

Prenez le lit, si vous voulez, le lit où vos parents sont morts, le lit où vous êtes né, où votre enfant naîtra plus tard, où vous avez souffert, aimé, rêvé, où vous avez passé ou passerez le tiers de votre vie et où vous vous endormirez à votre tour, à jamais, quand votre heure sera venue !

Quelle merveilleuse dissertation philosophique le lit, votre lit ne vous offre-t-il pas ?

Que sera-ce donc, lorsque vous passerez des choses inanimées aux actes et que vous chercherez le pourquoi de vos instincts et les raisons de ce qui vous fait agir tous les jours.

APPENDICE au Chapitre III

En vérité il semble presque que la plupart des hommes se donnent pour but de traverser la vie en dépensant le moins de pensée possible.

Spencer (1)

La cause de presque tous nos insuccès, de presque tous nos malheurs est unique, et c'est la faiblesse de notre volonté; c'est notre horreur pour l'effort, principalement pour l'effort durable. Notre passivité, notre légèreté, notre dissipation, ce sont autant de noms pour désigner ce fond d'universelle paresse qui est à la nature humaine ce qu'est pour la matière la pesanteur.

---

(1) Spencer, *Introduction à la Science Sociale* (Félix Alcan).

Nulle joie ne se cueille sans peine, tout bonheur suppose quelque effort.

L'énergie de la volonté se traduit moins par les efforts multiples que par l'orientation vers une même fin de toutes les puissances de l'esprit.

JULES PAYOT (1),
Recteur de l'Académie de Chambéry.

L'égoïsme est le système qui consiste à tout ramener à son bonheur.

LA BRUYÈRE.

On aime mieux dire du mal de soi-même que de n'en pas parler.

LA ROCHEFOUCAULD.

La mollesse est une langueur de l'âme qui l'engourdit et lui ôte toute vie pour le bien.

BERRYER.

---

(1) JULES PAYOT : *L'Education de la Volonté* (Félix Alcan).

Si la mollesse est douce, la suite en est cruelle.

MARMONTEL.

———

La mollesse, l'indulgence pour soi-même, et la dureté pour les autres ne sont qu'un seul et même vice.

NICOLE.

IV

L'Etude de Soi-Même

Du but apparent et du but réel de nos actions. — Un exemple entre mille. — Autres exemples. — Le but à atteindre.

Donc par des exercices répétés, dans le genre de celui que nous donnons comme exemple dans le précédent chapitre et que nous laissons à notre lecteur le soin d'imaginer lui-même, la place nous manquant pour le faire ici, nous avons acquis suffisamment d'empire sur notre esprit pour le fixer de longs instants sur un objet, que nous voulons envisager sous toutes ses faces. Malgré les tendances à s'échapper de notre esprit, nous l'avons maintenu, emprisonné dans une forme concrète ; nous le tenons sous notre joug, nous en sommes maître.

Appliquons-le, maintenant, à une étude plus

haute ; et passons de la matière à la pensée, des choses inanimées aux actes.

Nous l'avons dit et nous ne saurions le répéter trop : pour bien connaître nos semblables, commençons à nous bien connaître nous-mêmes. Le monde n'a qu'un nombre limité de vertus et de vices ; nous avons grande chance de retrouver chez autrui les qualités et les tares que nous aurons observées en nous et les connaissant bien chez nous, nous saurons bien les prévenir chez les autres. C'est tout le secret de la puissance humaine.

Voyons donc comment nous pourrons user de la manière la plus profitable de la volonté que nous possédons de commander à notre esprit.

D'abord examinons les menus incidents de notre journée, si c'est le soir, comme nous le préférerions, que vous vous livrez à cet exercice, et de la veille si vous vous y livrez le matin.

Demandez-vous : Qu'ai-je fait ? Où suis-je allé ?

Nous ne voulons pas parler du travail auquel vous vous êtes adonné par nécessité, ni des courses qui vous ont été imposées, soit par vos occupations ordinaires, soit par vos chefs.

Il est bien certain que dans ces cas là vous n'aurez fait qu'*obéir* et que votre libre arbitre n'était pas en jeu.

Non, il s'agit ici d'une action qui n'a été exécutée que par bon vouloir, en pleine liberté de désir et de conscience.

Lorsque nous aurons choisi cet incident de notre journée, minutieusement, recherchons-en le mobile.

Parbleu, ça vous paraît tout simple!

Rien n'est simple cependant dans la vie et nous n'agissons généralement pas dans le but apparent que nous nous proposons. Une force mystérieuse et que nous ne démêlons pas *a priori* nous pousse toujours; et, le plus souvent, si nous la soupçonnons cette force cachée, nous nous empressons de détourner les yeux afin de ne la point voir, car bien avant que de tromper les autres c'est nous-mêmes que nous cherchons à tromper.

En voulez-vous un exemple entre mille? Je le choisirai banal de façon qu'il ne froisse personne.

Madame, vous êtes sortie aujourd'hui, vous

aviez une paire de gants à acheter, une paire de gants qu'il vous était facile d'acquérir chez l'un des nombreux marchands de votre quartier. Mais pour qu'elle fût de qualité meilleure, pensiez-vous, et pour la payer quelques sous moins cher, vous vous êtes décidée à prendre l'omnibus et à faire votre emplète dans l'un des grands magasins de nouveautés dont les tapageuses réclames s'étalent à la quatrième page de votre journal.

Notez que le prix de l'omnibus, aller et retour, augmente si sensiblement le prix de votre achat qu'il vous eût été plus économique de le faire à votre porte. N'y eussiez-vous gagné que le temps de votre course, que c'était à considérer déjà. Pour ce qui est de la qualité de ces gants, n'insistez pas; cessez de vous mentir à vous-même.

Voyons, remontez à la source, demandez-vous quand vous est venue cette idée d'aller si loin chercher ce que vous auriez si bien pu trouver tout près.

Vous ne vous en souvenez pas ?

Daignez que j'aide votre mémoire, et gageons

que c'est en lisant ces annonces de quatrième page dont nous parlions tout à l'heure.

Qu'est-ce qui vous a frappée à la quatrième page de votre journal ? L'énoncé ou le prix de ces gants ? Non. Il y avait cela, sans doute, mais il y avait surtout l'amorce d'une occasion unique et tentante, de dentelles, de soies, de blanc, que sais-je, dont vous avez plus l'envie que le besoin et que l'état de votre bourse vous interdit, sans folie, d'aborder pour l'instant.

Comme vous êtes raisonnable, vous avez rejeté loin de vous la proposition de votre journal, vous avez vaillamment refréné votre désir et vous vous êtes efforcée de n'y plus penser.

Et, certainement, vous n'y pensiez plus... bien que cette pensée fut en vous tout de même, fichée en un coin de votre cervelle, tenace comme un clou dans une planche !

Des heures se sont passées, des jours peut-être. — Et crac! vous avez eu besoin de gants ! Quelle aubaine ! Vous n'eussiez pas été dans ce grand magasin pour satisfaire votre curiosité ou le plaisir de tenir, quelques secondes seulement, l'objet de vos rêves entre les mains, mais puisque l'occasion se trouvait d'y aller!...

Les gants ont été le but apparent de votre course, mais l'autre chose, le mobile secret et que vous-même vous ne vous seriez pas avoué.

.

Ne riez pas, Monsieur, de cette faiblesse "toute féminine"; et faites la confession que vous agissez de même, bien souvent.

Avez-vous l'envie d'une bicyclette ou d'une automobile, que, pour faire taire les remontrances de votre raison qui vous crie, tout bas, que cette acquisition ne corde guère avec vos moyens, aussitôt vous faites flamber devant vos yeux tous les avantages que vous retirerez de cet achat. Combien de voitures ne vous économisera-t-il pas? que de temps il vous fera gagner!. Et *Times is Money* comme disent nos amis de l'Entente Cordiale.

C'est, d'ailleurs, l'éternelle histoire du comptable qui emprunte à la caisse de son patron une modique somme qu'il se jure bien de rendre sur ses prochains appointements ou sur le bénéfice qu'il en retira. Mentir, nous nous mentons toujours ; c'est dans l'instinct de l'homme qui est la première dupe de soi-même !

⁂

Eh bien, point n'est besoin d'être grand clerc pour apercevoir quel enseignement nous pouvons retirer de la connaissance parfaite de nos penchants. C'est pour cela que nous ne devons pas hésiter à approfondir notre nature, à en démêler tous les secrets. Après quelques semaines de ces exercices répétés, nous aurons démasqué l'ennemi caché qui est en nous, et quand il nous poussera à quelque maladresse, nous saurons le mâter et le maintenir dans la voie que nous nous sommes tracé.

C'est le but à atteindre. Il n'est point utile d'aller clamer sur les toits les défauts que nous aurons découverts en nous. Personne ne nous en demande la confession publique. Mais pénétrons nous en bien nous-mêmes et commandons à notre caractère.

APPENDICE au Chapitre IV

On se persuade aisément ce qu'on désire.
OVIDE.

Quand on a peu de désirs, on a peu de privations.
PLUTARQUE.

Si tous ceux qui n'obtiennent pas ce qu'ils désirent en mouraient, qui donc vivrait sur la terre ?
PYTHAGORE.

Pour vaincre ses défauts, l'homme peut tout ce qu'il veut ; mais il ne veut pas tout ce qu'il peut.
JOUBERT.

Si nous n'avions pas tant de défauts, nous ne prendrions pas tant de plaisir à en remarquer chez les autres.
LA ROCHEFOUCAULD.

Il faut savoir profiter de tout, aussi bien de ses propres défauts que de ceux d'autrui.
PASTIN.

V

De l'Habitude

L'habitude entrave notre liberté. — Ce que Montaigne dit de l'Habitude. — L'Habitude néanmoins nécessaire. — L'Habitude engendre le vice et la vertu. — Citation de M. Marion. — Conclusion.

Nous l'avons vu, l'égoïsme qui est l'élément général de notre volonté en est aussi la première entrave, et peut-être la plus forte que nous rencontrions en nous mêmes dans l'examen et l'étude de notre caractère.

Le second empêchement au libre fonctionnement de notre volonté, sera le groupement de nos habitudes.

Toutes les habitudes, aussi bonnes qu'elles soient, entravent notre liberté. Elle dénotent au surplus une absence d'initiative et d'intelligence chez celui qui s'y soumet, puisqu'elles nous conduisent, et par conséquent nous gênent dans l'accomplissement de nos projets.

Rollinat a écrit :

> *La goutte d'eau de l'habitude*
> *Corrode notre liberté*
> *Et met sur notre volonté*
> *La rouille de la servitude.*

On ne saurait mieux dire.

L'habitude est la mère de la routine et de la manie. L'habitude nous rabaisse, car une fois formée elle a tout le caractère de l'instinct.

Or nous avons vu que la volonté nous a élevés au-dessus de l'instinct qui est d'essence animale le plus souvent. Pourquoi nous y ramener ?

On dit : « L'habitude est une seconde nature. »

Oui, une seconde nature qui a tôt fait d'enchaîner la première. C'est une nature toute artificielle qui se greffe sur l'autre et à ses dépens.

Il faut se garder, néanmoins, de confondre les règles d'existence qu'on se donne, règles si salutaires, si hygiéniques tant au corps qu'à l'esprit, avec les habitudes. Ces règles, c'est nous qui nous les sommes faites, tandis que les habitudes nous font à elles. Nous demeurons libres de modifier les règles que nous nous imposons, nous ne le sommes pas de changer nos habitudes. A moins d'une très grande force de caractère, il nous faudra toujours nous conformer à leur empire.

*

Car l'habitude est toute puissante. Montaigne l'appelle « *la reine et l'emperière du Monde* ». Un vieux proverbe ne dit-il pas « que de se donner une habitude, c'est se donner un maître? ». Et Montaigne ajoute : « Elle commence douce et humble; elle établit en nous peu à peu et comme à la dérobée, le pied de son autorité, mais elle nous découvre bientôt un furieux et tyrannique visage, et c'est à peine s'il nous est donné de nous ravoir de sa prise et rentrer en possession de nous-mêmes pour discourir et raisonner de ses ordonnances ».

« ...Quand ceux de Crète voulaient maudire quelqu'un, dit-il encore, ils priaient les dieux de l'engager en quelque mauvaise coutume. »

※

Et maintenant que nous avons mis notre lecteur en garde contre l'habitude, l'habitude qui nous asservit, déclarons humblement qu'il ne saurait, pas plus que nous, se dispenser d'en avoir. Comme nous sommes tous égoïstes, nous contractons tous des habitudes. Tâchons donc d'en contracter plutôt de bonnes que de mauvaises, bien que nous ayons dit plus haut de façon un peu paradoxale qu'il n'y avait pas de bonnes habitudes. Nous avons dit cela parce qu'au fond, mêmes les meilleures habitudes ne valent pas une médiocre bonne volonté.

Exemple : J'ai pris l'habitude de ne pas quitter ma maison pour me rendre au travail sans entrer dans la chambre de ma vieille mère et l'assurer de ma tendresse.

Cette habitude est louable sincèrement, mais au bout du quinzième ou vingtième jour que vous aurez commencé cette pieuse pratique, rentrerez-vous dans la chambre de votre mère avec le même cœur qui vous l'a dictée, la première fois?

Non, n'est-ce pas?

L'habitude émousse, affaiblit toutes les impressions de notre âme : « Mon sachet de fleurs, dit Montaigne, ne sert plus qu'au nez de ceux qui me visitent ! » pour expliquer combien son odorat s'est émoussé à respirer toujours le même parfum.

Mais l'effet contraire est aussi véridique. A répéter maintes fois une chose difficile et désagréable, vous en prenez l'habitude, elle vous devient facile et même, peut-être, vous cause quelque plaisir.

Exemple : Quel est le fumeur qui n'a été incommodé de son premier cigare ? Qui de nous n'a fait la grimace en buvant son premier verre de bière.

Résumons notre leçon contradictoire et disons qu'en principe, on doit tâcher de s'habituer au mal nécessaire, et se garder de contracter des habitudes dont on aurait peine à se passer et qui sont d'essence mauvaise, physiquement ou moralement parlant.

.*.

Les habitudes engendrent le vice et la vertu. Voici comment M. Marion, docteur ès-lettres, professeur de philosophie, s'exprime à ce sujet dans ses admirables leçons de Psychologie à l'usage du monde pédagogique :

« Les habitudes sont bonnes ou mauvaises ; les mauvaises habitudes invétérées sont les vices ; les bonnes habitudes consolidées et établies d'une manière définitive sont les vertus.

Le vice et la vertu sont donc essentiellement des habitudes. Voici comment naissent les vices et les vertus.

Une mauvaise action qui nous choque d'abord, mais que nous nous permettons néanmoins, tend à se répéter; qu'elle se répète, elle nous choque de moins en moins; bientôt elle finit par nous paraître naturelle, et tombe ainsi, peu à peu, jusqu'au dernier degré de déchéance et d'abjection. Le vice mérite donc bien le blâme qu'il nous inspire, puisque, par hypothèse, c'est le résultat aggravé, amplifié, de nos fautes; il résulte d'une suite de fautes que la volonté a permises, et dont elle est bientôt châtiée par l'impuissance où elle se trouve de s'en défendre. Mais l'habitude étant fatale, mécanique, il en résulte que les vicieux sont non moins à plaindre qu'à blâmer. Leur responsabilité, entière à l'origine, diminue de plus en plus avec leur liberté, et, à la longue, ils tombent pour ainsi dire au-dessous de la sphère de la moralité. »

Interrompons ici cette intéressante citation tirée de l'éminent ouvrage psychologique de M. Marion, pour dire à notre tour ce que nous pensons du vice et pour démontrer combien il est néfaste au point de vue pratique, dans la vie.

*
* *

Le vice marque sa victime au fer rouge.

Nul n'aura l'idée de confier sa cause ou ses intérêts à un ivrogne; et malgré toutes les ressources de la psychologie la plus éclairée, cet ivrogne, contre qui tout un chacun est prévenu, ne saurait prétendre à rien jamais.

Les mauvais procédés, d'ailleurs, se retournent toujours contre celui qui les emploie.

Tromper son client sur la qualité ou la quantité de la marchandise vendue, par exemple, est non seulement l'acte d'un malhonnête homme, mais encore celui d'un imbécile. Le client, une fois la fraude découverte, — et toutes les fraudes se découvrent tôt ou tard, l'homme ayant tendance à suspecter son semblable — la fraude découverte, le client s'approvisionnera, dorénavant ailleurs, de sorte que, pour récolter un maigre bénéfice auquel il n'avait pas droit, le fraudeur aura perdu les bénéfices à venir d'un client fidèle et assidu.

Il en est autrement si, par amabilité, prévenance, diplomatie adroite, notre commerçant parvient à décider son client à d'autres achats que ceux pour lesquels il était entré chez lui. C'est à son mérite personnel qu'il devra de réaliser une bonne affaire. Et soyez certain que son client ne le prendra pas à mal. S'il s'aperçoit, un peu tard, qu'il a dépensé au delà de ce qu'il aurait voulu, tout au plus il pensera : « Ce marchand est un habile homme. Une autre fois, je ferai en sorte de ne pas me laisser embobeliner. »

Disons, nous, qu'il fera en sorte d'être plus psychologue que lui. Car la psychologie, vous vous en rendez compte, est utile dans les moindres choses.

J'ai connu un commerçant qui, peu à peu avait su pénétrer le caractère de tous ses clients. A force de les faire parler, se raconter, il avait mis à jour leurs petites manies, ce dont ils étaient flattés, ce qui pouvait leur être désagréable. Il ne les importunait certes pas par une indiscrétion de mauvais aloi. Il les amenait comme d'eux-mêmes, sur leur terrain favori. Ne lui répondaient-ils pas, c'était encore une indication, c'est qu'ils n'étaient pas bavards.

Avec ceux-ci toute sa psychologie consistait à savoir se taire. Avec les autres, c'était, certes aussi de se taire, mais surtout de laisser causer.

Tout homme est plein de soi-même. Il sait un gré infini à qui consent à l'écouter. Mais un homme est pieds et poings liés aux mains de celui qui l'écoute, si celui-ci est un habile homme. Et c'était le cas de notre commerçant.

Mon Dieu, toute son habileté consistait en ceci : c'est qu'il était patient et aimable. Il s'était fait, par sa prévenance, des amis de tous ses clients. Il flattait bien un peu leurs petites vanités; il commettait même d'innocents mensonges en affirmant goûter fort ceci ou cela, dont tels de ses clients étaient férus, quand lui-même avait ceci et cela en horreur ; il manquait aussi de sincérité en se donnant l'air d'apporter l'intérêt le plus grand, à des histoires dont il bâillait en sourdine et qui lui faisaient perdre le plus précieux de son temps ;... bah ! ces petits péchés ne lui feront pas fermer au nez les portes du ciel, et personne ne lui jettera la pierre d'avoir été un peu perspicace, ni d'avoir apporté à ses affaires un soupçon de psychologie.

Mais cet exemple nous a entraînés bien loin de notre docte sujet. Que notre lecteur nous en excuse ; revenons-y.

Donc abhorrons le vice chez nous, comme nous l'abhorrons chez les autres, et défaisons-nous de nos embarrassantes mauvaises habitudes. Voilà le premier devoir de qui prend la résolution de suivre la présente méthode.

*
* *

M. Marion dont nous avons interrompu la citation plus haut, s'exprime ainsi, sur la vertu, toujours par rapport aux habitudes qui l'engendrent.

« L'homme vertueux mérite une estime et une admiration toujours croissante. En apparence, il est vrai, le mérite diminue, puisque les bonnes actions en devenant habituelles, deviennent comme naturelles et coûtent de moins en moins. Sans doute, le mérite diminue, si on entend par là l'effort et la peine, auxquels on a coutume de proportionner l'estime. Mais la peine et l'effort ne sont pas l'idéal de la vertu, ce ne sont que des moyens nécessaires pour arriver enfin à faire le bien facilement, simplement et sans qu'il en coûte. Cet état de bonne volonté habituelle et triomphante, voilà la vertu parfaite, c'est une sorte d'infaillibilité dans le bien devenue comme une seconde nature. La nature vient donc par l'habitude, au secours de la volonté; c'est comme une grâce, mais une grâce conquise par la bonne volonté tenace et vigoureuse. »

« En somme l'habitude est une loi capitale de notre nature : il ne tient qu'à nous d'en tirer des avantages qui compensent, et au delà, les dangers qu'elle nous fait courir. »

« Mais il faut le redire : réfléchir, délibérer, est, au premier titre, la vraie manifestation de la spontanéité intelligente, la condition essentielle de la moralité, la marque propre de l'homme. Eh bien, par les lois mêmes de l'habitude, ce travail de réflexion se fait lui aussi, de plus en plus facilement, de plus en plus parfaitement, de plus en plus volontairement, à mesure qu'il s'est fait davantage. »

« On prend ainsi littéralement l'habitude de se défendre contre l'envahissement des habitudes. (1)

---

(1) Henri Marion. « Leçons de Psychologie appliquée à l'Éducation. » Armand Colin et Cie, Éditeurs, 5, rue de Mézières, Paris.

APPENDICE au Chapitre V

Lorsque vous voulez dénoncer les défauts de votre prochain, commencez par compter les vôtres.
(Maxime turque).

La discipline militaire suppose le maximum de la possession de soi-même; le soldat marche comme une machine et tombe comme un héros.
F. Buisson.

Nous sentons bien que nous ne valons que par notre énergie, et qu'il n'y a aucun fond à faire, à aucun point de vue, sur un homme faible.
Jules Payot (1).

---

(1) Education de la Volonté (Félix Alcan, Editeur).

On triomphe des mauvaises habitudes plus aisément aujourd'hui que demain.

CONFUCIUS.

On s'habitue à ses étrangetés, le plus difficile c'est d'y habituer les autres.

NODIER.

L'habitude nous rend indifférents et oublieux.

D'HOUDETOT.

VI

De la Mémoire

Citation de M. Marion. — La mémoire dans l'exercice de toutes nos facultés. — Comparaison. — La mémoire et l'expérience. — Le Journal Grand Livre de notre cerveau

Nous avons dit dans un précédent chapitre que la Volonté, la Mémoire et la Sensibilité étaient les trois vertus par excellence de la psychologie.

Nous avons traité en son temps de la Volonté ; le sujet est inépuisable, et sans cesse au long de cet ouvrage il nous faudra y revenir.

Il nous reste à étudier la Mémoire et la sensibilité.

« La mémoire, dit M. Marion, est la faculté intellectuelle par laquelle l'esprit pense de nouveau ce qu'il a pensé déjà, en le rapportant au passé, c'est-à-dire en reconnaissant qu'il l'a pensé auparavant (*Leçons de Psychologie.*) »

La mémoire est indispensable à l'exercice de toutes nos facultés : à la vue, à l'odorat, à l'ouïe comme au toucher et au mouvement.

C'est en effet la mémoire qui nous fait différencier les couleurs et les formes en rapprochant celles que nous avons sous les yeux d'autres couleurs, d'autres formes qu'il nous a été donné de voir auparavant. Le rouge est rouge, grâce à la comparaison que nous pouvons en faire avec le bleu, le jaune ou le vert, et par conséquent grâce à la mémoire puisque sans elle, il n'est pas de comparaison possible.

La mémoire confronte les impressions déjà reçues avec celles que nous recevons présentement.

Car la mémoire semble être instinctive, mais en fait elle est le résultat d'une expérience.

Exemples : Les petits enfants ne craignent

le feu que par la peur qu'on leur en fait, ou parce qu'ils se sont plus ou moins brûlés une fois. Le chien se sauve à l'aspect du fouet parce que ce fouet a servi à le battre. C'est donc bien la mémoire qui prévient l'enfant du danger qu'il court et le chien de la douleur dont on le menace, en leur rappelant à l'un et à l'autre un fait passé dont ils feront leur profit dans le présent.

Il n'est pas besoin de nous étendre bien longuement sur ce sujet ; chacun juge de soi-même combien la mémoire lui est utile dans tout ce qu'il veut entreprendre.

Faut-il parler du mécanisme de la mémoire ?

Nous ne pensons pas que ce soit notre rôle, Nous ne cherchons pas à faire de la psychologie scientifique ; nous évitons même tout ce qui est abstrait, dans cet ouvrage, pour ne nous arrêter qu'à l'utilité immédiate que présente notre étude

Considérons donc notre mémoire comme le *Grand Livre Journal* de notre cerveau, pour employer un terme vulgaire mais suffisamment explicite. Le Grand Livre Journal est pour le commerçant le registre où quotidiennement il consigne toutes les opérations de sa maison, ses achats, ses ventes, ses transactions.

Que notre cerveau soit donc le Grand Livre où viendront s'inscrire toutes les expériences de notre vie, auxquelles nous pourrons toujours nous rapporter, et qui nous serviront dans les problèmes que nous réserve l'avenir.

*
* *

Cultivons notre mémoire : appliquons nous à la rendre *docile, fidèle, rapide*.

Docile pour apprendre vite et beaucoup, fidèle à conserver les connaissances acquises, prompte à faire renaître nos souvenirs selon nos besoins.

Est-ce à dire que nous devions enmagasiner pêle-mêle tout ce qui s'offre à notre mémoire. A vouloir agir de la sorte on surchargerait inutilement son esprit, jusqu'à ne plus se reconnaître après, dans le fatras des souvenirs entassés sous notre front.

M. Marion s'exprime ainsi à ce sujet « Quand

on sait si bien tout ce que les autres ont dit et pensé, on a trop souvent une manière toute faite de juger ; on perd toute originalité et parfois toute finesse, faute de voir les nuances des choses, les différences de temps, de lieu, de milieu. Souvent aussi on se rend intolérable par l'ostentation d'érudition, par des citations indiscrètes et fatigantes. »

En réalité, ce qu'il faut s'efforcer de retenir, c'est moins les faits en eux-mêmes que l'enseignement que nous en avons pu tirer.

Ceux dont la mémoire est par trop facile, qui emmagasinent tout au petit bonheur de la perception, ressemblent à un homme qui marchant dans la rue aurait la faculté de garder le souvenir fidèle de tous les visages qu'il rencontre. Comment lui serait-il possible, par la suite, de reconnaître parmi tant et tant de figures, celle qui est susceptible de lui rendre service le cas échéant ?

APPENDICE au Chapitre VI

Une tête sans mémoire est une place sans garnison.

NAPOLÉON Ier.

Les grandes mémoires qui retiennent tout indifféremment sont des maîtresses d'auberge et non des maîtresses de maison.

DE NASSE

Ce qui compromet, en général, le succès de l'enseignement primaire, c'est qu'on en cherche trop exclusivement le point d'appui dans la mémoire des élèves.

V. DURUY.

Tout le monde se plaint de sa mémoire et personne de son jugement.

LA ROCHEFOUCAULD.

VII

De la Sensibilité

Parenthèse ouverte par l'auteur. — Citation de M. Marion — La sensibilité. — Une anecdote de M. Théodule Brauche.

Parlons brièvement de la sensibilité et nous en aurons terminé presque de la partie théorique de cet ouvrage.

Nos lecteurs, nous le sentons ont hâte de passer à l'éducation pratique de la pensée.

Néanmoins nous devions établir préalablement quels sont les grands agents qui président à notre intellectualité.

La sensibilité, nous l'avons dit, compte parmi les trois principaux.

Est-il besoin d'expliquer longuement cette faculté ? Nous ne le pensons pas.

Encore une fois qu'il nous soit permis de citer ici M. Marion.

« La sensibilité est la faculté *de jouir et de souffrir*. En réalité, ce n'est rien autre chose que l'activité elle-même, mais considérée à un point de vue particulier, par les émotions qui l'accompagnent dans la conscience. »

Un exemple que nous empruntons à notre excellent ami et maître Théodule Branche en dira plus que de longues phrases sur ce sujet et fera toucher du doigt à ceux qui nous lisent ce que c'est que la sensibilité.

⁂

Théodule Branche, dans ses admirables *Mémoires d'un Moraliste*, raconte l'anecdote suivante qui comporte en elle-même toute la sensibilité :

Je fis mon année de rhétorique, comme externe, au collège de Pontoise. Mon père jugeait ma raison assez mûre pour qu'elle pût échapper aux dangers de l'enseignement en commun ; il trouvait bon que j'apprisse à recevoir quelques coups de poing et à les rendre. L'occasion ne me manqua pas. Nouveau venu dans la classe, ayant des habitudes morales différentes de celles de mes camarades, j'eus avec eux de nombreuses escarmouches. J'en conterai une dont le souvenir m'emplit encore le cœur d'émotion et presque de fierté.

Le cours d'anglais nous était fait une fois par semaine par un vieux professeur italien, nommé Montecci. Ce brave homme, un savant dans son genre, parlait couramment une douzaine de langues, mais aucune ne l'avait conduit à la fortune. Son maigre traitement suffisait à peine à nourrir les sept ou huit enfants que lui avait accordés le ciel et que sa femme lui avait donnés. Ses vêtements usés, rapiécés, disaient assez dans quelle misère il vivait.

Quoique son front haut et son regard profond dénotassent sa forte intelligence, l'aspect général confinait au comique. Il entendait mal et voyait peu ; une broussaille de chevelure et de barbe encadrait si complètement son visage, qu'on ne savait pas où commençait l'un, où finissait l'autre. Ses épaules, dont l'une était plus basse, rétrécissaient sa poitrine par leur avancement maladif, et son dos arrondi, légèrement courbé, trahissait l'embarras et la timidité que donnent la gêne et la médiocrité de situation. La voix, assez belle, conservait un accent étranger très prononcé, qui défigurait parfois les mots et achevait de rendre ridicule ce pauvre être, malgré sa valeur réelle, malgré l'air de souffrance répandu sur toute sa personne.

Mes camarades étaient sans pitié pour lui.

La classe d'anglais ressemblait à une récréation dans un préau couvert plutôt qu'à un cours de n'importe quoi. Les cris d'animaux, les quolibets, les chants, se croisaient dans l'air; le malheureux professeur distribuait, au hasard, des pensums; impuissant à maintenir l'ordre et le silence, il s'était habitué à faire sa leçon au milieu d'un charivari indescriptible. C'était véritablement un spectacle lamentable de voir cette belle intelligence, cette véritable bonté, cette misère inavouée, lutter désespérément contre d'indécentes gamineries.

Mon cœur, non endurci par la vie de collège, en souffrait. Seul, je conservais une attitude décente. J'avais essayé de faire comprendre à mes camarades la cruauté de leur conduite, mais ils s'étaient moqués de moi.

Leurs railleries me laissèrent indifférent, car je sentais très vivement que la justice, la raison et la bonté, étaient de mon côté.

M. Montecci avait remarqué ma déférence envers lui, mon attention à ses cours; il m'en témoignait une bienveillante reconnaissance, et, avec une paternelle sollicitude, il s'attachait à me faire profiter de son savoir.

Une seule fois, entraîné par l'exemple, excité par l'idée des vacances de Pâques qui approchaient, je me permis de rire bruyamment d'une facétie d'un de mes voisins. M. Montecci se retourne; il me voit rire, et, d'un ton de douloureux, reproche il laisse tomber ces simples mots : « Tu quoque, Brute. (1) » Mes

---

(1) On raconte que César, reconnaissant Brutus, son fils adoptif, parmi les conjurés qui l'assassinaient, lui dit simplement : « Toi aussi, Brutus, » et se couvrant la tête de son manteau il se résigna à mourir.

camarades traduisirent immédiatement la phrase en la travestissant. « Ah! que t'es brute, » courut aussitôt de bouche en bouche, et les rires redoublèrent.

Pour moi, je n'avais plus envie de rire.

La forme délicate de l'admonestation, son accent d'étonnement et de tendresse m'avaient remué jusqu'au fond de l'âme ; confus, troublé je baissai la tête et murmurai : Je ne le ferai plus. Et jamais, en effet, depuis, je n'ai oublié de garder le respect qu'on doit au professeur, à l'homme, qui vous donne chaque jour la substance même de son cerveau.

Un jour, M. Montecci entra dans la classe avec un vêtement neuf. Le Principal du collège l'avait averti que sa tenue n'était pas en rapport avec la dignité de ses fonctions, et le pauvre professeur d'anglais s'était — au prix de quels sacrifices! — acheté un vêtement complet d'un beau gris clair.

Quand on l'aperçut, des remarques d'une flatteuse ironie accueillirent ce changement de costume et la classe fut encore plus troublée qu'à l'ordinaire.

L'orage se déchaîna à la leçon suivante.

Gaston Fernot, le fils d'un des notaires de Pontoise, avait promis qu'on s'amuserait ce jour-là. Mes camarades attendaient la classe d'anglais avec une joyeuse curiosité, moi avec une impatiente anxiété. Quand M. Montecci entra, toujours couvert de son habit neuf, le silence se fit et le cours commença au milieu d'une tranquillité inaccoutumée.

M. Montecci en paraissait ravi autant qu'étonné; peut-être dans son for intérieur attribuait-il le changement d'attitude de ses élèves au propre changement de sa tenue et il jetait de temps à autre un regard reconnaissant sur la claire étoffe de sa jaquette. L'heure passait, et nous commencions à nous demander si Gaston Fernot avait renoncé à son projet, d'ailleurs inconnu de nous tous.

Hélas! non; le méchant petit bonhomme, avec un esprit infernal, avait imaginé la gaminerie qui devait atteindre le plus douloureusement notre professeur d'anglais. M. Montecci venait de se placer au tableau noir où il écrivait le texte d'une version que nous devions copier et traduire. Le bras levé vers les lignes qu'il traçait à la craie, il nous tournait le dos. Gaston Fernot saisit l'occasion ; armé d'une poire en caoutchouc qu'il avait emplie d'encre, il dirigea vers la belle jaquette grise un jet noir, qui vint frapper entre les deux épaules; l'encre coula tout le long du dos; quelques gouttes se répandirent sur le parquet. M. Montecci n'avait rien senti, la poire en caoutchouc circula de main en main, et un immense éclat de rire secoua toute la classe ; seul, je ne riais pas.

M. Montecci, se retournant, s'aperçut que tous les regards étaient fixés sur lui, tandis que toutes les bouches riaient, il chercha la cause de cette explosion d'hilarité. Apercevant l'encre sur le parquet, il porta machinalement ses doigts au dos de sa jaquette et les ramena tout noircis. Il comprit, et son visage eut une expression d'indicible angoisse.

En un tour de main, il ôta sa jaquette et vit toute l'étendue du désastre. La douleur, la colère lui mirent des larmes dans les yeux, et d'une voix étranglée, il put enfin s'écrier:

« Quel est le misérable… le misérable qui m'a fait cela ? »

Personne ne répondit, et les rires s'étouffèrent un peu.

En larmes, M. Montecci criait : « C'est le pain de deux semaines à la maison qu'on a gâché là ; je veux trouver le coupable. »

Il s'apprêtait à parcourir nos rangs pour nous fouiller et saisir l'instrument du délit.

Mon indignation et ma douleur n'étaient pas moins grandes que les siennes. Je songeai que le pauvre homme allait entreprendre une recherche ridicule, qui ne pouvait pas aboutir, car la poire en caoutchouc avait circulé et gisait maintenant, loin du coupable, sur le dernier gradin de la classe.

Une force irrésistible me dressa sur mon banc, j'étendis le bras dans la direction de Gaston Fernot, et je le nommai.

M. Montecci me jeta un regard de reconnaissance, puis, saisissant le garnement par le bras, il le mit à la porte de la classe. Autour de moi grondaient des murmures furieux ; les épithètes de cafard, de capon, de Judas, montaient à mes oreilles. Très digne, je supportai la tempête d'injures sans paraître y prendre garde, mais à la sortie dans la rue, les langues s'agitèrent plus violemment encore, et les poings se mirent de la partie. Seul contre dix ou douze, je me défendis de mon mieux, mais ce mieux n'empêcha pas que je sortisse de la bagarre dans un piteux état. Mes vêtements étaient déchirés, mon chapeau cabossé penchait sur mon œil poché, et le sang coulait de mon nez égratigné. Quand ma mère me vit ainsi, elle leva les bras au ciel. Avec une certaine fierté, je calmai sa sollicitude maternelle en lui disant ces quatre mots : « Je me suis battu pour la justice. »

LA JUSTICE

Une certaine angoisse troublait pourtant le triomphe de ma conscience. Comment se pouvait-il que la conception de justice et de devoir, qui m'avait poussé si ardemment, fût en complet désaccord avec celle qui guidait mes camarades ? Eh quoi ! Une mauvaise action se commet sous mes yeux. Je livre le coupable à son juge, comme je prendrais un voleur au collet. En apportant mon concours à l'œuvre de justice, j'accomplis mon devoir ; ma conscience n'a point d'incertitude. Et pourtant d'autres consciences, façonnées par une instruction et une éducation analogues, me blâment et m'injurient. Les visages ardents de mes camarades, l'énergie de leur langage témoignaient leur sincérité et leur certitude de défendre la bonne cause. La notion de justice n'est-elle donc pas claire, unique, absolue ?

Ses prescriptions peuvent donc être discutées ! le devoir peut être incertain !

Ce grave problème m'agita longtemps, et d'obscures solutions se présentèrent alors à ma pensée. J'y ai réfléchi depuis et voici ce que j'ai trouvé.

Il n'y a point de justice absolue.

Aucun critérium éternel, universel, ne permet de classer d'une façon définitive les actions en justes et injustes. La notion de justice est aussi relative, aussi contingente que celle de grandeur ou de petitesse. Encore peut-on adopter pour l'étendue une mesure étalon, qui permet d'avoir une connaissance exacte de la relation des corps ou des espaces considérés.

Pour la justice, cette mesure étalon n'existe pas. Où la trouver, en effet ?

Dans les consciences ? L'anecdote que je viens de conter et des millions d'autres faits prouvent, avec une force invincible, que les consciences n'ont pas de mesure commune.

Dans les législations ? Les divergences qui les séparent sont aussi nombreuses, aussi profondes, que celles qui divisent les consciences.

Dans les mœurs, dans l'opinion publique ?

Mais à la même époque, chez le même peuple, les mœurs et l'opinion publique ont d'étranges désaccords sur la notion de justice. Et si l'on envisage l'histoire, les désaccords apparaissent mille fois plus nombreux et plus profonds.

Dans la nature, dans l'univers ? Quelle notion de justice peut-on tirer de l'univers muet ? De la planète aveugle et sourde, où la vie animale et végétale ne se soutient que par une lutte acharnée et sauvage, par le vol et par le meurtre ?

Où donc trouver le même étalon de la justice ?

Nulle part en vérité.

Il n'y a pas de justice absolue.

La justice est simplement un ensemble de règles adaptées aux besoins d'un groupement. Les peuples créent leur justice, comme ils créent leur langage et leur législation; et dans ces créations diverses à l'infini, un seul principe commun peut être retrouvé, l'intérêt du groupement. Toutes les prescriptions de la justice, tous les principes sociaux, toutes les lois, sont subordonnés à ce principe unique, l'intérêt du groupement. Est-il nécessaire d'apporter des exemples?

* * *

Rien de plus touchant que cette anecdote racontée avec tant de tact et de talent par Théodule Branche. Et admirons les belles réflexions qu'il en tire, non pas sur la Sensibilité, qu'il considère comme une vertu trop connue de tout le monde pour s'y étendre longuement, mais sur la Justice.

Nous n'avons pas hésité à reproduire ces pages sur la Justice, bien qu'elles ne regardent pas directement le présent chapitre. Nul ne nous le reprochera.

Mais revenons à la sensibilité, vertu, en effet, puisque grâce à elle nous nous intéressons à notre prochain et nous comportons à son égard de façon toute contraire que nous ne le ferions si nous étions en but à notre intérêt seul, c'est-à-dire à notre égoïsme.

La sensibilité est le contraire de l'égoïsme, quoi qu'en disent certains philosophes. Nous-mêmes, nous avons prétendu plus haut que la pitié est une des formes de l'égoïsme.

Faudrait-il croire aussi ce qu'écrit Hobbes, à savoir que l'homme est essentiellement l'ennemi de l'homme !

Non, non, Hobbes, comme La Rochefoucauld, comme Pascal, se sont laissés aller à des accès de pessimisme. Fort heureusement nos rapports avec nos semblables ne sont pas sans exception ceux d'ennemi à ennemi, et l'émotion, et l'attendrissement sont encore vertus humaines.

APPENDICE au Chapitre VII

Plus le cœur se prodigue, plus il est riche.

Mme D'Abrantès.

Le cœur n'a point de rides.

Fénelon.

Montrer du cœur est encore une des meilleures façons d'avoir de l'esprit.

Octave Feuillet.

Le cœur a des raisons que la raison ne connaît pas.

Pascal.

La charité du pauvre est de ne pas haïr le riche.

G. Droz.

Le cœur doit faire la charité quand la main ne le peut.

QUESNEL.

Le plus grand profit de la charité, c'est de nous sortir du culte de nous-mêmes.

J. SIMON.

On ne désire être aimé des autres que parce qu'on s'aime soi-même, et peut-être pour avoir un motif de s'aimer davantage.

DIDEROT.

Il faut se faire aimer, car les hommes ne sont justes qu'avec ceux qu'ils aiment.

JOUBERT.

Vouloir oublier quelqu'un c'est y penser.

LA BRUYÈRE.

On peut briller par la parure, mais on ne plaît que par la personne.

J.-J. ROUSSEAU.

VIII

La Tolérance

Opinions empruntées à Théodule Branche. — Diverses explications de la Tolérance. — La Tolérance à travers les âges. — Tolérance religieuse. — Tolérance politique et sociale. — Tolérance intérieure et extérieure. — Conclusion.

Un philosophe de ce temps, Théodule Branche, écrit ceci dans ses *Mémoires d'un moraliste :*

« La tolérance est la plus belle conquête que l'humanité ait faite sur elle-même ; mais l'œuvre est loin d'être achevée ».

Trop de cerveaux restent encore obscurcis par les fumées d'une intransigeance irréfléchie. Les primitifs et les simples sont naturellement intolérants. Leur vision, courte et bornée, n'aperçoit qu'une seule face des choses et leur imagination ne peut concevoir qu'elles en aient une autre, et que cette autre puisse être différente. Ce qu'ils voient leur paraît clair, indiscutable. Ils ne comprennent point la possibilité d'une opinion opposée, ni la possibilité d'une erreur.

Quand ils rencontrent la contradiction, ils se croient donc en présence de la mauvaise foi ou de l'imbécilité

Et ils foncent dessus avec une ardeur qui serait méritoire si elle n'était pleine de périls. Persuadés qu'ils détiennent la vérité absolue, ils considèrent comme ennemi public quiconque pense autrement et ils le suppriment avec une férocité inconsciente qu'ils croient généreuse.

Malgré l'avancement de la civilisation, les sociétés modernes ne sont pas encore débarrassées de cette sorte d'individus. Les fanatiques religieux, les sectaires politiques sont nombreux encore. Leurs phalanges font plus de bruit, parfois plus de besogne que celle des philosophes, car ceux-ci veulent méditer avant d'agir, tandis que ceux-là sont toujours prêts et toujours portés à l'action turbulente. Ils descendent dans la rue qu'ils emplissent de leurs chansons;

ils cassent les vitres, bousculent les passants, les écharpent parfois, et quand ils rentrent chez eux, épuisés, époumonnés, ils se persuadent qu'ils représentent l'opinion publique, parce que les gens tolérants les ont laissés passer et les ont regardés faire avec une curiosité inquiète.

Si grand que soit encore le nombre de ces forcenés, la tolérance a conquis lentement un terrain considérable.

Quand l'esprit humain a exploré le domaine de la pensée, quand il a fait le tour des choses, quand il a remarqué que leurs forces sont diverses et qu'elles donnent une impression différente suivant qu'on les regarde de tel ou tel côté, quand replié sur soi-même, il se souvient qu'il a pu sur le même fait avoir des opinions contradictoires, suivant le temps et les circonstances; quand il considère quelle influence ont sur le jugement, l'âge, l'éducation, la situation personnelle, le milieu social, alors l'homme est disposé à admettre qu'un autre homme peut penser autrement en lui-même sans être un crétin ou une canaille.

B.

L'opinion divergente d'autrui ne lui apparaît plus forcément entachée de sottise ou de mauvaise foi.

Il sait que l'erreur est possible, il en pénètre les causes, et il n'a plus du tout l'envie d'assommer ceux qui se trompent ou sont trompés. Et s'il pousse plus loin la méditation, le philosophe est bien obligé de reconnaître qu'il n'a, pour juger la certitude de ses propres opinions, aucun critérium absolu.

Sans pousser la thèse jusqu'au pyrrhonisme dont s'égaie Molière, il faut avouer que nos sens trompent journellement notre entendement, et que nous ne pouvons leur accorder d'autre confiance que celle qu'on a pour les menteurs, c'est-à-dire les croire avec réserve.

Le contrôle qu'ils font les uns des autres diminue les chances d'erreurs ; soit, mais il n'en est pas moins vrai qu'une erreur reste possible. En théorie pure, nous ne pouvons donc pas posséder de certitude absolue. Nous nous contentons fort bien d'une certitude relative pour diriger les affaires humaines, et nous avons raison.

Mais du moins cette constatation doit servir à augmenter la prudence et la sagesse de nos jugements.

Puisque la certitude absolue n'est pas à notre portée, chacune de nos opinions peut être entachée d'erreur.

Telle vérité m'apparaît évidente, et pourtant de bons esprits sont d'un avis opposé. Je ne suis pas infaillible. Ils ne le sont pas davantage. Qui a raison ? Eux ou moi !

Peut-être eux et moi. Pour juger le fait en litige, nous nous plaçons sans doute à des points de vue différents ; nous ne l'embrassons pas dans son ensemble ; et peut-être cela est impossible à l'entendement humain. De là le désaccord. Pratiquons la tolérance !

Eclairons cette haute philosophie par quelques exemples, qui la feront mieux comprendre de tous.

Théodule Branche dit que nos sens peuvent nous tromper. Voyons cela.

Prenons une baguette bien droite, plongeons-la dans l'eau claire : la baguette nous apparaît nettement brisée un peu au-dessous de la surface de l'eau. S'est-elle brisée en entrant dans l'eau. Retirons-la. La baguette est intacte. Un effet d'optique nous a trompés.

Nos sens nous avertissent-ils que la terre tourne ? *Et pourtant elle tourne*, comme disait Galilée.

Le soleil paraît parcourir la voûte céleste ; et cependant il est immobile par rapport à nous : c'est nous qui courons autour de lui.

La voûte céleste apparaît comme un dôme bleu, parsemé de clous brillants, qui sont les étoiles. Et ce que nous voyons, c'est l'espace, c'est le néant. La terre nous paraît plate et pourtant elle est ronde. La surface d'une mer calme nous donne la sensation d'une platitude, d'une horizontalité complète, et pourtant la surface de la mer est arrondie comme la terre elle-même.

Les yeux seuls sont-ils susceptibles de nous tromper ? Pas du tout. Le toucher est aussi menteur.

Faites cette expérience. Prenez une bille, une boulette de mie de pain. Croisez votre grand doigt, le médius sur l'index, et faites, sur une table, rouler la bille entre les extrémités des deux doigts ainsi croisés. Vous sentirez très distinctement deux billes, et si vous n'étiez pas averti, vous jureriez, sur votre propre tête, que vous touchez deux billes. Pourquoi ? Parce que deux groupes de nerfs du toucher qui portent les sensations au cerveau sont impressionnés par le même objet, tandis que dans l'ordre ordinaire où sont vos doigts, ces paquets de nerfs ne sentiraient pas en même temps une seule bille. Vous éprouvez les mêmes sensations que si une bille touchait le côté droit de l'index et un autre le côté gauche du médius. Le cerveau enregistre les sensations apportées par les nerfs, et dérouté cette fois, il juge qu'il y a deux billes quand en réalité il n'y en a qu'une.

Les oreilles aussi sont menteuses. Nous sommes habitués à juger de la distance où se produit un bruit par l'expérience acquise. Mais certaines circonstances peuvent changer complètement les habitudes du sens.

Dans la grande église de Londres, à Saint-Paul l'intérieur du dôme supporte une grande galerie circulaire, où les paroles murmurées près du mur courent le long des parois et se transmettent de l'autre côté avec une netteté et une précision extraordinaires. Séparé par trente ou quarante mètres de la personne qui vous parle, vous l'entendez comme si elle était près de vous, dans le mur. Si les yeux ne rectifiaient pas l'erreur des oreilles, on serait certainement trompé. Je ne parle pas des erreurs du goût et de l'odorat, qui sont, dans notre espèce, les plus capricieux et les plus incertains des sens.

Théodule Branche nous dit encore que souvent le désaccord de nos opinions tient à ce que les choses ne nous sont pas apparues sous le même point de vue. Cherchons des exemples. Supposons qu'on mette tout à coup en présence un Lapon et un Dahoméen ; supposons encore, une supposition de plus ne nous coûtera guère, qu'on leur donne le moyen de se parler ; supposons encore que chacun d'eux n'ait jamais voyagé, et ne sache de la terre que ce qu'il en a vu dans son pays.

Supposons enfin qu'ils se mettent à causer

et que la conversation tombe sur la température. L'un soutiendra qu'il fait trop chaud, l'autre s'étonnera et affirmera que le froid est déplorable. L'un affirmera que tout le long de l'année les jours sont égaux aux nuits. L'autre lui répondra qu'il ne sait ce qu'il dit, et que les jours et les nuits sont de longueurs très inégales : que parfois la nuit dure trois mois et parfois le jour trois mois aussi. L'un dira que tous les hommes sont grands et noirs comme lui-même; l'autre que les hommes sont petits et d'un blanc tirant sur le jaune. Et ainsi de suite; et si ces deux hommes si dissemblables d'opinion, se ressemblent seulement par l'intolérance, leur conversation deviendra une discussion violente, et dégénérera en pugilat.

Les braves gens qui discutent religion, politique, économie politique, socialisme, art, littérature, le plus souvent n'ont pas fait le tour des questions dont ils parlent, et ne les connaissent pas mieux que notre Lapon, et notre Dahoméen ne connaissent la terre.

Je me rappelle une scène amusante d'une

vieille féerie. Deux personnages, simples d'esprit d'ailleurs, discutaient très vivement sur la couleur d'un écusson appendu au mur dans la salle même où ils se trouvaient. L'un soutenait qu'il était vert, l'autre qu'il était rouge, et chacun à son tour, après avoir confirmé et affirmé son opinion, tournait le dos à l'écusson, et il arrivait qu'une maligne fée faisait virer l'écusson et le changeait de couleur sans qu'aucun d'eux s'en aperçut. Nos deux personnages étaient donc tous deux certains d'avoir raison, et ils avaient tous deux raison en effet, chacun à leur tour.

La fantaisie de l'écusson ne se rencontre pas dans la vie ordinaire, mais ce qui arrive constamment, c'est que les faits, les choses et les gens ont des faces très diverses, suivant le point de vue où l'on se place pour les examiner.

La question du libre échange et du protectionnisme reçoit des solutions bien différentes suivant qu'on l'envisage dans un port de mer, dans une cité industrielle ou dans une région agricole.

Je veux vendre mon blé cher, dit le cultivateur.

Je veux avoir mon pain à bon marché, dit le consommateur. Et tous deux ont raison.

La certitude n'est pas à notre portée, dit Théodule Branche et il nous parle du pyrrhonisme dont s'égaie Molière. Qu'est-ce donc que le pyrrhonisme?

C'est la doctrine philosophique d'un grec, nommé Pyrrhon, qui affirmait, avec raison, que nous ne pouvons pas posséder la certitude absolue. Mais l'abus d'une idée juste peut le pousser au ridicule. Dans la scène VIII du *Mariage forcé*, Molière met aux prises Sganarelle et le docteur pyrrhonien Marphurius. Relisez cette scène amusante.

Sans aller aussi loin que Marphurius, il faut rester pénétré de cette idée que tout homme est constamment exposé à l'erreur. Disons-nous toujours ceci:

Quelle que soit la solidité de mes opinions, fruit de mes réflexions, d'études approfondies, je puis me tromper, totalement ou partiellement. Si je me trompe, ce serait un crime de contraindre les autres à partager mon erreur. Si au contraire la vérité est de mon côté, si l'erreur est dans l'esprit des autres, dois-je les mépriser, les injurier, les frapper pour n'avoir pas découvert une vérité que j'ai eu tant de peine à acquérir, que je suis même encore incertain d'avoir acquise.

Disons-nous cela et soyons tolérants.

Nous allons tout d'abord étudier l'histoire de l'intolérance, car la tolérance jusqu'ici n'a guère d'histoire. C'est un sentiment trop nouveau dans l'humanité.

Dans l'état primitif des sociétés humaines, dans l'état de sauvagerie, de barbarie, peut-on imaginer que l'idée de tolérance ait pu se présenter à aucun cerveau. Quand les hommes vivent entre eux comme des loups, quand la guerre d'extermination est quotidienne de tribu à tribu, que viendrait faire dans un tel milieu, l'idée pacifique de tolérance. La force règne en maîtresse souveraine, et nul ne songe à respecter la liberté ou la volonté d'autrui par considération philosophique..

La tolérance, dans un tel état social, est un mot vide de sens.

Les hommes farouches, qui constituent la tribu, n'en ont ni le goût ni le besoin. La simplicité de leur organisation politique, de leur foi religieuse ne comporte pas de divergence d'opinions, ni par suite de discussions : la rusticité de leurs mœurs sociales et familiales les font tous semblables les uns aux autres; ils n'ont pas l'occasion d'user de tolérance, au sens où nous prenons ce mot, et leurs discussions sont des querelles, des rixes violentes.

Les sauvages, portion arriérée de l'humanité, nous donnent une idée assez exacte de ce qu'ont pu être les hommes primitifs; et pour vous faire bien comprendre à quel état de bestialité féroce peuvent descendre des cerveaux humains, je vais vous lire une page du beau livre de M. Legendre : Notre épopée coloniale.

Un commis de factorie française raconte en ces termes la cérémonie du couronnement du fameux Béhanzin, au Dahomey.

« Béhanzin monte sur l'estrade de bois capitonné de nattes de roseaux, qu'on avait élevée la veille sur la place d'Abomey, estrade très officielle sur laquelle viennent s'accroupir autour du monarque cinq belles filles, dont le corps semblait taillé dans du jais ; l'une tenait le parasol, l'autre le torchon-mouchoir, une troisième la pipe, la quatrième le crachoir, et la cinquième le chasse-mouches de sa Majesté. Nous étions là une demi-douzaine d'Européens, obligés sous peine de crime de lèse-majesté, d'assister à la terrible cérémonie qui se préparait, et assez inquiets de la tournure qu'allaient prendre les évènements politiques. Autour de la place, la cohue, rangée en cercle et massée derrière un triple cordon d'amazones armées de carabines Winchester et de sabres à peine longs comme l'avant-bras, mais larges comme la main ; au pied de l'estrade, des sacs d'où sortent de pauvres têtes noires roulant de grands yeux blancs hideux d'effroi. Béhanzin tire une bouffée de sa pipe, salive malproprement, met le menton entre ses deux mains, et ses deux coudes sur ses genoux ; il claque de la langue et pousse un petit cri guttural. A ce signal les amazones exécutent autour de la place un pas endiablé dont le rythme s'accélère sur la cadence de plus en plus rapide d'une étourdissante cacophonie faite du beuglement des cornes d'éléphant, du sifflement des flûtes de bambou, du grondement des calebasses, sanglées de boyaux de mouton et du glapissement de vingt autres instruments aussi tintamarresques. Une aveuglante poussière rougeoyant sous le ciel embrassé couvre bientôt la scène, et seul le decrescendo de l'orchestre témoigne du ralentissement du ballet. Puis tout se tait, un grand cri retentit, auquel répond la décharge de deux-cents Winchester : la poussière tombe, et les amazones apparaissent, immobiles, un genou en terre, la crosse de leurs armes sur l'autre genou.

Béhanzin salive de plus en plus hideusement; un tic nerveux secoue par intervalles son échine; il glapit quelques sèches syllabes, et se redressant vient s'accouder sur le bord de l'estrade. Aussitôt une trentaine de grands gaillards vêtus d'oripeaux rouges, coiffés de hauts bonnets auxquels sont accrochées des quincailleries

d'amulettes, se jettent sur les sacs garnis de
captifs et entament avec eux une fantastique
partie de ballon. Ils les envoient au milieu du
cercle qu'ont resserré les amazones ; on entend
les membres et les crânes craquer au contact
du sol. les pauvres têtes noires s'agitent convul-
sivement un instant à terre pour reparaître
presque aussitôt dégouttant le sang, au poing
des guerrières qui les ont, d'un coup sec de
leurs petits sabres, prestement détachées de
leurs troncs. La partie de têtes humaines dure
dix longues minutes. Enfin elle s'arrête faute
de victimes. Béhanzin souriant se retourne vers
notre groupe. (1)

Croyez-vous de pareilles brutes susceptibles
de l'idée de tolérance? Evidemment non. Eloi-
gnons-nous de ces répugnants tableaux, et
montant quelques degrés dans l'échelle de la
civilisation, fouillons les grands livres sacrés de
l'antiquité.

Le brahmanisme fut à coup sûr l'une des
plus sages et des plus paisibles religions de

---

(1) *Notre Epopée Coloniale*, Legendre.

l'antiquité. Combien il est éloigné cependant de la tolérance.

Voici un extrait d'une étude d'Eugène Pelletan sur le brahmanisme : « Les Brahmanes sentaient que la subordination du roi et des guerriers était frémissante sous leurs mains, et pour les tenir en bride, ils employaient la teneur religieuse. »

Sur le même sujet, M. A. Maury s'exprime ainsi : « La caste des Brahmanes spécule sur la crédulité des malheureux qui viennent se prosterner devant les prétendues reliques de Crichna. L'idole du Dieu, accompagnée de celle de Bala-Raina, son frère, et de celle de Soubhadra, sa sœur, est promenée sur un char dans la ville, et les dévots se précipitent en foule sous les roues du char pour se faire écraser en tout ou en partie, et gagner le ciel par ce martyre insensé. Les places de Djagamatha fourmillent de fakirs, de mendiants d'un aspect repoussant.

Les uns se tiennent toute la moitié du jour renversés sur la tête, les yeux barbouillés de boue, la bouche pleine de paille ; les autres sont plongés jusqu'au cou dans des mares infectes ; d'autres encore ont les pieds ramenés vers la tête, ou portent sur le ventre un réchaud brûlant, ou sont enveloppés d'un filet qui les empêche d'exécuter le plus léger mouvement. Deux à trois cents personnes perdent la vie dans chacune de ces effroyables fêtes célébrées en l'honneur de la divinité, et deux cent mille dévôts au moins viennent annuellement encombrer le temple de leurs folles adorations et emplir les coffres de Brahma. » L'idée de tolérance est-elle compatible avec un aussi barbare fanatisme.

Dans son traité sur la Tolérance, Voltaire cherche à établir que les Grecs et les Romains ont connu et pratiqué la tolérance religieuse. Cela est vrai en apparence, mais en étudiant le fond des choses, on comprend que chez eux la tolérance tenait à la forme de leur conception religieuse, et non à la notion du respect de la liberté individuelle.

Mais peut-on croire que la tolérance, prise au sens général et humain, ait été connue, aimée et pratiquée dans les civilisations grecque et romaine, où l'esclavage était la base même de l'état social.

Athènes fit, un jour, une loi qui défendait d'instruire les jeunes gens sans une autorisation des magistrats, et une autre qui interdisait spécialement d'enseigner la philosophie. « L'homme n'avait pas le choix de ses croyances. Il devait croire et se soumettre à la religion de la cité. On pouvait haïr ou mépriser les Dieux de la cité voisine : quant aux divinités d'un caractère général et universel, comme Jupiter Céleste ou Cybèle ou Junon, on était libre d'y croire ou de n'y pas croire. Mais il ne fallait pas qu'on s'avisât de douter d'Athéné Poliade ou d'Erecthée ou de Cécrops. Il y aurait eu là une grande impiété, qui eût porté atteinte à la religion et à l'Etat en même temps, et que l'Etat eût sévèrement punie. Socrate fut mis à mort pour ce crime. La liberté de penser à l'égard de la religion de la cité était absolument inconnue chez les anciens. Il fallait se conformer à toutes les règles du culte, figurer dans toutes les processions, prendre part au repas sacré. La législation athénienne prononçait une peine contre ceux qui s'abstenaient de célébrer religieusement une fête nationale. »

On le voit, la tolérance dont parle Voltaire, n'était qu'apparente et ne s'exerçait que pour des choses indifférentes, mais la religion nationale était foncièrement autoritaire et intolérante.

Le souvenir des martyrs chrétiens est d'autre part un irrécusable témoignage de l'intolérance religieuse et politique des Romains.

Jusqu'ici nous n'avons donc pas encore rencontré véritablement cette bienfaisante déesse, la tolérance.

Poursuivons nos recherches.

Dans le Coran, livre sacré des Mahométans, je trouve quelques versets où l'idée de tolérance paraît indiquée. Mahomet y expose comment Dieu l'a chargé d'une mission prophétique.

Voici les versets :

« Nous ne t'avons envoyé, ô Mohammed (Mahomet) que par miséricorde pour l'Univers.

« Dis: O hommes, je suis un apôtre chargé de vous exhorter.

« Les infidèles te diront : Tu n'as point été

envoyé par Dieu. Réponds-leur. Il me suffit que Dieu et celui qui possède la science du Livre saint soient mes témoins entre vous et moi.

« N'écoute ni les infidèles ni les hypocrites. Ne leur fais pas de mal cependant. Mets ta confiance en Dieu.

« C'est ainsi que nous t'avons donné la révélation en un livre arabe, afin que tu avertisses la mère des cités et les peuplades d'alentour, afin que tu les avertisses du jour de la réunion, jour sur lequel il n'y a point de doute, jour où une partie des hommes sera dans le Paradis, et une autre dans les brasiers de l'Enfer. »

Si le Dieu de Mahomet lui conseille la tolérance envers les hommes, vous voyez qu'il ne la pratique pas pour son propre compte, et qu'il promet délibérément l'Enfer aux infidèles.

D'autre part, je trouve encore ces versets dans le Coran.

Mahomet parle à son peuple:

— « Faites la guerre à ceux qui ne croient point en Dieu, ni au jour dernier, qui ne regardent point comme défendu ce que Dieu et un apôtre ont défendu, et à ceux qui ne professent point la croyance de la vérité. Faites-leur la guerre jusqu'à ce qu'il paient le tribut, tous sans exception, et qu'ils soient humiliés. »

Voilà très nettement exprimée la formule de l'intolérance. Ce passage est contradictoire avec le préédcent, et il indique que l'intolérance, condamnée vaguement en théorie, reste très vivante dans la pratique.

Ceci s'écrivait au commencement du septième siècle puisque Mahomet est mort en 632.

Pour rencontrer la tolérance, il nous faut donc descendre encore le cours de l'histoire; mais désormais nous ne chercherons plus nos exemples que dans les événements qui intéressent notre propre pays.

La France marche depuis longtemps à la tête du progrès moral et intellectuel, et son histoire peut servir à marquer les étapes de l'esprit humain.

Michelet établit que les Druides pratiquaient les sacrifices humains; une telle barbarie est bien éloignée de la tolérance.

Dans l'époque confuse, qui suit en Gaule la décadence de l'empire romain, dans ces temps troublés où les invasions de barbares venaient périodiquement submerger la civilisation naissante, dans ces rudes siècles où la guerre et le pillage étaient l'œuvre de chaque jour, le mot de tolérance est paru tout à fait vide de sens : on ne songe pas à respecter les idées ou les convictions de l'homme qu'on poursuit à coups d'épée ou de hache. Le règne de la force brutale n'a pas de telles délicatesses. Il n'y avait point à proprement parler de guerre religieuse, pour les raisons si lumineusement exposées par Fustel de Coulanges : la religion ancienne était personnelle à l'individu, au foyer, à la tribu, à la cité : L'ardeur du prosélytisme était donc un sentiment inconnu : et chacun pratiquait vis-à-vis des autres religions, non la tolérance, mais l'indifférence.

C'est le christianisme qui a introduit dans le monde le goût, la passion de la propagande religieuse. Il faut le dire à son honneur, mais il faut reconnaître aussi que ce sentiment, généreux dans sa source, a attiré de terribles malheurs sur notre humanité : il a provoqué les guerres et les persécutions religieuses.

Le fondateur du Christianisme a brisé les cercles étroits où s'enfermaient autrefois les races et les peuples. Il a entrevu l'unité de l'humanité ; il a proclamé le dogme fécond de la fraternité des hommes ; il a enseigné qu'un seul Évangile, une seule religion devaient être communs aux hommes, créatures d'un Dieu unique. Cette doctrine était alors admirablement hardie ; elle ouvrait les plus larges horizons aux progrès moraux, intellectuels et sociaux des groupements humains ; et l'on comprend qu'une conception aussi haute ait eu une influence considérable sur l'humanité. Mais en proclamant qu'il n'y a qu'une seule vraie religion, que tous les hommes doivent pratiquer, sous peine de la colère de Dieu et de châtiments éternels, on jetait fatalement le germe de l'intolérance religieuse. N'est-ce pas un devoir de défendre Dieu contre les offenses de ceux qui le méconnaissent ; ne faut-il pas empêcher les impies de faire souche et de multiplier le nombre des impies.

Ne faut-il pas par suite extirper l'hérésie, c'est-à-dire détruire les hérétiques. Avec grande logique, l'esprit religieux concluait que cela était de toute nécessité, et l'on aboutissait aux Croisades, aux massacres des Albigeois, des Vandois, aux autodafés de l'inquisition, à la Révocation de l'Edit de Nantes.

Mais quand les philosophes du xviiie siècle eurent donné en pature à l'esprit humain de nouvelles conceptions de l'état social, quant au droit du roi on opposa le droit du peuple, quand en face de la royauté absolue, on dressa la royauté constitutionnelle et les diverses formes de démocratie, quand on se mit à discuter et à raisonner sur toutes choses l'anarchie entra dans l'opinion publique, et avec elle l'intolérance politique.

A la fin de ce brillant xviiie siècle, les orateurs, les journalistes, les théoriciens de toute sorte offrirent aux peuples tant de systèmes infaillibles pour faire leur bonheur, que les hommes eurent le redoutable embarras du choix. Et quand chacun eut choisi, suivant son tempérament, sa tournure d'esprit, sa situation sociale, ses relations, chacun se figura naturellement qu'il possédait la vérité et que ceux qui professaient d'autres doctrines étaient de bonne foi ou non, les ennemis de son bonheur, et qu'ils constituaient un obstacle, à la félicité sociale.

Supprimer un tel obstacle, n'est-il pas logique ? Et l'on fut logique avec férocité. Marat affirmait qu'en coupant la tête de 200.000 aristocrates, on ferait le bonheur du genre humain. Et le système de Marat fut en partie mis à exécution. De la droite à la gauche, les partis se poussèrent successivement à la prison, à la guillotine ; et quand on arriva au bout de la ligne, au parti le plus avancé, l'intolérance continua son œuvre dans un mouvement de réaction.

Tour à tour triomphants et vaincus, Feuillants, Girondins, Dantonistes, Montagnards, Hébertistes, traversent la grande scène de l'histoire en jetant à la face de leurs adversaires les plus odieuses et les plus injustes accusations : chaque parti fait preuve à son tour de la plus violente intolérance, et chaque parti est à son tour vaincu par l'arme qu'il a si farouchement dirigée contre ses adversaires.

Je ferais craquer le cadre de cette étude, si j'entreprenais d'y introduire l'histoire de l'intolérance politique pendant la fin du XVIIIe siècle, pendant tout le XIXe, et le commencement de celui-ci. A peine né, le XXe siècle a déjà son histoire d'intolérance politique, et vous n'avez qu'à rappeler vos souvenirs, qu'à regarder autour de vous, qu'à lire les journaux pour comprendre combien cette haineuse passion est encore vivace dans notre grande et solide démocratie.

Pourtant je tiens à l'affirmer, la tolérance a fait son entrée dans nos mœurs. Cette nouvelle venue est encore suspecte à quelques-uns, la rigidité d'opinion leur apparaît comme une vertu, l'intransigeance comme un devoir.

Mais d'autres se familiarisent avec la tolérance, et l'aiment d'autant plus qu'ils la connaissent davantage.

Examinons si ces derniers ont raison et s'il est bon enfin de donner parmi nous droit de cité à la tolérance. Et pour lui laisser toute sa valeur morale et sociale, établissons d'abord qu'elle n'est pas ce qu'on appelle d'un nom vulgaire, mais bien expressif, le je m'enfichisme.

La tolérance est le respect des opinions d'autrui, non l'abandon des siennes. La tolérance ne diminue pas l'ardeur de prosélytisme pour ses propres croyances, mais elle limite les moyens de propagande à la persuasion et au raisonnement.

La tolérance se présente à notre esprit sous trois aspects, la tolérance religieuse, la tolérance politique, la tolérance familiale et sociale. Nous allons l'examiner successivement sous ces trois formes.

La tolérance, en matière de religion, n'exclut point du tout le sentiment religieux. On peut être parfaitement attaché à sa religion, et n'avoir aucun sentiment de haine ou de de colère contre ceux qui ne pratiquent pas la même religion, ou qui n'en pratiquent aucune.

Comment croire qu'un Dieu tout puissant ordonne à ses enfants de se haïr, de se persécuter, de se tuer les uns les autres ? S'il veut être adoré suivant un rôle déterminé, comment croire qu'il s'en rapporte à nos faibles moyens du soin de défendre ses intérêts ? Comment croire qu'il donne à quelques-uns mission de pousser violemment les hommes vers tels ou tels autels, quand du bout du doigt il les y courberait, s'il le jugeait bon ?

Où, dans quel livre, Dieu aurait-il écrit ces ordres cruels ?

Pour les non-croyants, que leur importe que d'autres aillent s'agenouiller dans une maison de pierre et y marmotter des paroles incompréhensibles. Pourquoi empêcher les croyants d'aller chercher dans la prière des consolations ou des espérances, s'ils en trouvent.

Dans ces obscures questions, qui a tort, qui a raison. Où est la vérité ?

Les plus puissantes intelligences diffèrent d'opinion sur le véritable caractère des religions.

Pour les unes, la religion est d'essence divine ; elle est la base de toutes les vertus ; elle soutient et oblige à la fois l'humanité.

Pour d'autres, la religion est un criminel mensonge ; les fondateurs de religions ont été d'habiles imposteurs ; ils ont exploité la crédulité humaine à leur profit, et au profit de la caste sacerdotale qu'ils ont fondée.

Pour d'autres encore, la philosophie historique et entière ne trouve nulle part la preuve que les religions soient la parole même d'un Dieu. Cette opinion est au contraire battue en brèche par les faits et par la logique. Mais comment croire aussi que ces puissants génies Confucius, Moïse, Jésus-Christ, Mahomet, Luther, d'autres encore, aient été de sinistres criminels. Non. Ces grands ouvriers de la civilisation furent dans leur temps de profonds philosophes et de sages hommes d'Etat.

Comprenant les besoins de leur siècle, utilisant les ressources morales de leur époque, ils ont entraîné sur leurs pas des centaines de millions d'hommes, et l'on peut affirmer que chaque révolution religieuse a marqué une étape dans la marche vers le progrès. Pendant de longs siècles, dans l'enfance de l'humanité, la religion fut le seul véhicule de la morale. Les cerveaux primitifs ne pouvaient se hausser aux sublimes conceptions de la solidarité sociale et humaine. Il fallait les frapper par des notions de morale ancrétisées pour ainsi dire. De là les récompenses et les châtiments d'outre monde auxquels nul ne peut échapper. Les religions ont rendu à notre espèce de considérables services qu'il serait puéril de méconnaître.

Pratiquons la tolérance.

Avons-nous plus de certitude dans les questions politiques. Y a-t-il vraiment un dogme absolu, un système politique qui assure en tous temps, en tous lieux, la prospérité, la liberté, le bonheur d'une société humaine?

Quel est le meilleur gouvernement, la République ou la Monarchie ? Certains esprits n'hésitent pas, et leur intransigeance proclame hautement la supériorité absolue de l'une ou de l'autre.

Le philosophe, après examen, constate que ces deux formes gouvernementales ont leur valeur propre, et quelles ont toutes deux rendu des services à l'humanité.

Chez les peuples grossiers, où la moralité est à l'état embryonnaire, où le lien social est lâche, où le sentiment de la solidarité n'existe pas, le pouvoir fort et indiscuté d'un chef assure mieux la discipline et la défense sociales.

Chez un peuple policé, où tous les citoyens sont instruits des affaires publiques, pénétrés de leurs droits et de leurs devoirs, imbus du sentiment de la solidarité sociale, le gouvernement de tous par la volonté de tous paraît de nature à mieux garantir ces intérêts que ne peut le faire une volonté royale, peut-être trompée ou partiale.

Ainsi posé, le problème peut rallier un grand nombre sinon l'unanimité des suffrages; mais les difficultés commenceront quand, sortant de la théorie, on entrera dans la pratique, quand il faudra classer la société où l'on vit, quand il faudra décider quel mode de gouvernement convient le mieux à son degré d'avancement.

Des monarchies et des républiques prospèrent également, qui sont à peu près au même point de civilisation.

Peut-être, en effet, dans la vie de l'humanité, sommes-nous à une période moyenne, où les deux modes gouvernementaux sont équivalents en valeur pratique. Qui donc peut de bonne foi et avec certitude affirmer la supériorité absolue de l'un sur l'autre.

Pratiquons la tolérance politique.

Pratiquons-la aussi au foyer familial.

Le chef de famille, le mari, le père ne doit pas oublier que les êtres, dont la nature lui a confié la direction, sont doués comme lui de volonté, de sensibilité, d'intelligence, du goût de la liberté. Que son autorité soit donc tolérante ! Qu'elle ne s'exerce pas sans nécessité ; qu'elle accorde à ceux qu'elle guide toute la liberté compatible avec les intérêts de la famille.

La tolérance peut et doit s'exercer aussi dans tous les détails de la vie sociale envers les amis, envers les voisins, même envers les passants, enfin envers tous les humains. Car tous les humains sont nos frères, et une étroite solidarité nous lie à eux.

La tolérance, en assurant la paix, la douceur de nos relations en assure l'agrément, et elle est un des plus essentiels éléments du bonheur de l'humanité !

Ne faites pas à autrui ce que vous ne voudriez pas qu'on vous fît, dit l'Evangile. Ce précepte reste toujours éternellement juste et profond.

Pratiquons donc la tolérance, intérieure et extérieure.

Soyons sans mépris pour les opinions d'autrui ; étudions-les avec sang-froid, bonne foi et impartialité.

S'il est malaisé souvent de séparer un métal précieux des scories auxquelles il est mêlé, bien plus ardue encore est la besogne d'épurer la vérité de toute erreur, et les plus sages cerveaux sont ceux qui doutent le plus d'eux-mêmes.

N'employons jamais la violence et la brutalité envers nos adversaires d'opinion : un coup de poing ou une injure ne sont pas des arguments. Rejetons les haines de classes et de races. Renonçons aux guerres civiles, aux révolutions, aux propagandes par le fait.

Que la libre et courtoise discussion hâte l'évolution sociale vers un avenir meilleur. Tel est le vœu d'un moraliste.

APPENDICE au Chapitre VIII

Nous demandons la tolérance : accordons-la, exerçons-la, pour en donner l'exemple.

BUFFON.

Prêcher l'intolérance, c'est soumettre la foi à la police.

LABOULAYE.

Souvenez-vous qu'il n'y a rien de plus injuste et de plus ridicule que d'être fâché contre quelqu'un parce qu'il n'est pas de votre opinion.

LE SPECTATEUR.

La tolérance est une vertu que les opprimés savent seuls bien définir.

TOURNIER.

L'intolérance est un lierre qui s'attache aux religions et aux États, qui les entraîne et les dévore.

TURGOT.

Le droit de l'intolérance est absurde et barbare; c'est le droit des tigres; et il est bien plus horrible, car les tigres ne déchirent que pour manger, et nous nous sommes exterminés pour des paragraphes.

VOLTAIRE.

La tolérance mutuelle est l'unique remède aux erreurs qui pervertissent les hommes d'un bout de l'univers à l'autre.

VOLTAIRE.

IX

De nos rapports avec nos semblables

Ce que nous devons être vis-à-vis d'autrui. — L'emportement est un défaut ridicule. — Pour gagner la confiance des hommes. — Contre la vanité. — Nécessité de faire des fautes. — De la timidité. — De la familiarité.

Le précédent chapitre sur la Tolérance nous a entraînés plus loin que nous n'eussions voulu. Nous ne le regrettons pas, car la Tolérance est le commencement de la sagesse dans nos rapports avec les autres hommes.

Comment, en effet, prétendrions nous conquérir notre semblable et nous imposer à lui, si, de prime abord et sans autre reflexion nous débutions, dans notre commerce avec lui, par le heurter dans ses opinions ou sa religion, et par déclarer inadmissible ce qui a, jusqu'à ce jour formé sa règle de conduite et de pensée ?

Sachons avant tout nous rendre acceptable : répudions tout entêtement, toute colère. Comme dit Vauvenargues : Lorsqu'on veut se mettre à la portée des autres hommes, il faut prendre garde, d'abord, à ne pas sortir de la sienne; car sortir de son caractère ou l'éxagérer, est un ridicule qu'ils ne nous pardonnent pas.

Où vous ne voyez que le fond des choses, ne parlez jamais qu'en doutant et en proposant vos idées. N'obligez pas celui qui vous écoute à les épouser avant même que de l'avoir convaincu, et n'apportez pas un parti pris absurde dans vos dires.

Tout le monde est susceptible de se tromper, pourquoi ne le seriez vous pas comme tout le monde ?

C'est le propre d'un sot raisonneur que de prendre jeu sur des affaires politiques ou sur tels ou tels sujets dont il ne connaît lui-même pas très sûrement les principes. Ne parlons que de ce que nous sommes convaincus, que de ce que nous avons étudié et éprouvé ; sur tout autre chose gardons l'expectative, émettons des idées, mais avec la bonne volonté d'entendre aussi celles d'autrui, car de l'entretien jaillit souvent la lumière, et nous nous éclairerons du savoir de notre interlocuteur en sachant l'écouter.

C'est aussi une vanité mal placée de croire que l'on peut jouer toutes sortes de personnages et d'être, pour ainsi dire, toujours travesti. Tout homme qui n'est pas dans son véritable caractère n'est pas dans sa force : il inspire la défiance et blesse par l'affectation de la supériorité qu'il se donne.

Si vous le pouvez, soyez simple, modeste, naturel, uniforme ; ne parlez jamais aux autres que de choses qui les intéressent et qu'ils puissent aisément entendre. Ne les primez pas avec faste. Ayez de l'indulgence pour tous leurs défauts, de la pénétration pour leurs talents, des égards pour leur délicatesse et leurs préjugés.

Voilà peut-être comment un homme supérieur se monte naturellement et sans efforts à la portée de chacun.

*
* *

Dans le chapitre que nous proposons présentement à nos lecteurs, nous examinerons sous toutes ses faces la logique de nos rapports avec nos semblables.

Avec le chapitre de la Volonté, celui-ci sera, sans contredit le plus important de ce livre, car c'est grâce à lui que nous pourons mettre en pratique toute la science que nous aurons acquise sur nous-mêmes, après les exercices que nous donnons à la fin du volume.

Nous répétons ces choses, afin que le lecteur ne nous lise pas ici d'un œil distrait. Chaque phrase, chaque mot a sa valeur et nous passons de la psychologie théorique, à la psychologie efficace.

Nous l'avouons, nous ne tirons pas tant de savoir de nous-même, mais des grands philosophes que les bibliothèques ont mis à notre portée. Comme dans le chapitre sur la Tolérance nous avons fait de larges emprunts à Théodule Branche, nous en ferons ici, et peut-être de plus amples encore à La Bruyère, Diderot, Vauvenargues, etc., etc.

Vauvenargues nous a donné les principales lignes concernant la *Dispute* et la *Colère*; c'est encore lui que nous laisserons parler quand nous traiterons de la Timidité, de la Familiarité, de la Libéralité, etc., et ses *Conseils à un jeune homme* que nous synthétiserons ou développerons tour à tour feront le fond de l'enseignement pratique de la Pensée.

Nous nous permettrons, néanmoins, de traduire en langue moderne, c'est-à-dire dans le français universellement employé aujourd'hui, les expressions surannées ou qui pourraient ne pas se laisser saisir clairement, dans leur forme abstraite, par celui qui nous fait l'honneur de nous prêter quelque attention.

*
* *

Nous disions donc plus haut que nous devons apporter tout notre tact et aussi, hélas! toute notre patience à écouter notre semblable.

Voulez-vous avoir la paix avec les hommes, écrit Vauvenargues, ne leur contestez pas les qualités dont ils se piquent; ce sont celles qu'ils mettent ordinairement au plus haut prix ; c'est un point capital pour eux.

Souffrez donc qu'ils se fassent un mérite d'être plus délicats que vous, de se connaître mieux que vous en politique, et en affaires et jusque dans les soins du ménage. Laissez-leur croire aussi qu'ils sont aimables, amusants, plaisants, singuliers et s'ils avaient des prétentions encore plus importantes, passez-les leur.

Qu'est-ce que cela peut vous faire? Inspirés par le but que vous poursuivez, n'êtes vous pas au-dessus de ces petits froissements de vanité? Dites-vous en les écoutant que la plus grande de toutes les imprudences est de se piquer de quelque chose. Tout pleins de l'idée qui les préoccupent et de la thèse qu'ils soutiennent, ceux-là sont inconsidérément à votre merci. Tandis que vous conservez toute votre présence d'esprit, tout votre équilibre, les malheureux ne pensent qu'à vous éblouir.

Le malheur de la plupart des hommes vient de là : je veux dire de s'être engagé publiquement à soutenir un certain caractère, ou a faire fortune aux yeux de leurs semblables, ou à paraître riches, ou à faire métier d'esprit.

Voyez ceux qui se piquent d'être riches : le dérangement de leurs affaires les fait croire souvent plus pauvres qu'ils ne sont ; et enfin, ils le deviennent effectivement et passent leur vie dans une tension d'esprit continuelle, qui découvre la médiocrité de leur fortune et l'excès de leur vanité.

Cet exemple se peut appliquer à tous ceux qui ont des prétentions à étonner les autres.

S'ils dérogent, ils se démentent, le monde jouit avec ironie de leur chagrin ; et confondus dans les choses auxquelles ils se sont attachés, ils demeurent, sans ressources, en proie à la raillerie la plus amère.

⁎

CONTRE LA VANITÉ. — La chose du monde la plus ridicule et la plus inutile est, en effet, de vouloir prouver qu'on est aimable, qu'on est fortuné, qu'on a de l'esprit. Les hommes sont fort pénétrants sur les petites adresses qu'on emploie pour se louer ; et soit qu'on leur demande leur suffrage avec hauteur, soit qu'on tâche de les surprendre, ils se croient ordinairement en droit de refuser ce qu'il semble qu'on ait besoin de tenir d'eux. Heureux ceux qui sont nés modestes, et que la nature a remplis d'une noble et sage confiance ! Rien ne présente les hommes si petits à l'imagination, rien ne les fait paraître si faibles, que la vanité. Il semble qu'elle soit le sceau de la médiocrité; ce qui n'empêche pas qu'on n'ait vu d'assez grands génies accusés de cette faiblesse, le cardinal de Retz, Montaigne, Cicéron, etc.

Aussi leur a-t-on disputé le titre de grands hommes, et non sans beaucoup de raison.

*
* *

NÉCESSITÉ DE FAIRE DES FAUTES. — La crainte de se tromper, la timidité, nous ne disons pas la modestie est une forme de vanité. On redoute de déchoir aux yeux des autres hommes ; on veut garder dans leur opinion une place que, peut-être, nous n'y occupons pas, mais que notre orgueil revendique.

Il ne faut pas être timide de peur de faire

des fautes ; la plus grande faute de toutes est de se priver de l'expérience.

Soyons très persuadés qu'il n'y a que les gens faibles qui aient cette crainte excessive de tomber et de laisser voir leurs défauts ; ils évitent les occasions où ils pourraient broncher et être humiliés ; ils rasent timidement la terre, n'osent rien donner au hasard, et meurent avec leurs faiblesses qu'ils n'ont pu cacher.

Qui voudra se former au grand, doit risquer de faire des fautes, et ne pas s'y laisser abattre, ni craindre de se découvrir ; ceux qui pénétreront leurs faibles, tâcheront de s'en prévaloir ; mais ils le pourront rarement.

Le cardinal de Retz disait à ses principaux domestiques : « Vous êtes deux ou trois à qui je n'ai pu me dérober ; mais j'ai si bien établi ma réputation, et par vous-mêmes, qu'il vous serait impossible de me nuire quand vous le voudriez. »

Il ne mentait pas : son historien rapporte qu'il s'était battu avec un de ses écuyers, qui l'avait accablé de coups, sans qu'une aventure humiliante pour un homme de ce caractère et de ce rang, ait pu abattre le cœur ou faire aucun tort à sa gloire ; mais cela n'est pas surprenant ; combien d'hommes déshonorés soutiennent par leur seule audace la conviction publique de leur infamie, et font face à toute la terre.

Si l'effronterie peut autant, que ne fera pas la constance? Le courage surmonte tout.

***

Que le sentiment de vos faiblesses ne vous tienne donc pas abattu. Lisez ce qui nous reste des plus grands hommes : les erreurs de leur premier âge effacées par la gloire de leur nom n'ont pas toujours été jusqu'à leurs historiens; mais eux-mêmes les ont avouées en quelque sorte.

Ce sont eux qui nous ont appris que tout est vanité sous le soleil ; ils avaient donc éprouvé, comme tous les autres, de s'enorgueillir de s'abattre, de se préoccuper de petites choses.

Ils s'étaient trompés mille fois dans leurs raisonnements ou leurs conjectures, ils avaient eu la profonde humiliation d'avoir tort avec leurs inférieurs. Les défauts qu'ils cachaient avec le plus de soin, leur étaient souvent échappés ; ainsi ils avaient été accablés en même temps par leur conscience et par la conviction publique ; en un mot, c'étaient de grands hommes, mais c'étaient des hommes, et ils supportaient leurs défauts. On peut se consoler d'éprouver leurs faiblesses, lorsque l'on se sent le courage de cultiver leurs qualités.

***

La Familiarité. — Il n'est point de meilleure école ni plus nécessaire que la familiarité. Un homme qui s'est retranché toute sa vie dans un caractère réservé, fait les fautes les plus grossières lorsque les occasions l'obligent d'en sortir et que les affaires l'engagent. Ce n'est que par la familiarité que l'on guérit de la présomption, de la timidité, de la sotte hauteur ; ce n'est que dans un commerce libre et ingénu qu'on peut bien connaître les hommes ; qu'on se tâte, qu'on se démêle, et qu'on se mesure avec eux : là on voit l'humanité nue avec toutes ses faiblesses et toutes ses forces ; là se découvrent les artifices dont on s'enveloppe pour imposer en public ; là paraît la stérilité de notre esprit, la violence et la petitesse de notre amour-propre, l'imposture de nos vertus.

Ceux qui n'ont pas le courage de chercher la vérité dans ces rudes épreuves, sont profondément au-dessous de tout ce qu'il y a de grand ; surtout c'est une chose basse que de craindre la raillerie, qui nous aide à fouler aux pieds notre amour propre, et qui émousse par l'habitude de souffrir, ses honteuses délicatesses.

***

Aimez la familiarité ; elle rend l'esprit souple, délié, modeste, maniable, déconcerte la vanité, et donne, sous un air de liberté et de franchise, une prudence qui n'est pas fondée sur les illusions de l'esprit, mais sur les principes indubitables de l'expérience. Ceux qui ne sortent pas d'eux-mêmes sont tout d'une pièce ; ils craignent les hommes qu'ils ne connaissent pas, ils les évitent, ils se cachent au monde et à eux-mêmes, et leur cœur est toujours serré. Donnez plus d'essor à votre âme, et n'appréhendez rien des suites ; les hommes sont faits de manière qu'ils n'aperçoivent pas une partie des choses qu'on leur découvre, et qu'ils oublient aisément l'autre. Vous verrez d'ailleurs que le cercle où l'on a passé sa jeunesse se dissipe insensiblement ; ceux qui le composaient s'éloignent, et la société se renouvelle. Ainsi l'on entre dans un autre cercle tout instruit ; alors, si la fortune vous met dans des places où il soit dangereux de vous communiquer, vous aurez assez d'expérience pour agir par vous-même et vous passer d'appui. Vous saurez vous servir des hommes et vous en défendre ; vous les connaîtrez ; enfin vous aurez la sagesse dont les gens timides ont voulu se revêtir avant le temps, et qui est avortée dans leur sein.

⁎

Conclusion du présent chapitre. — Les hommes se recherchent quelquefois avec empressement, mais ils se dégoûtent aisément les uns des autres ; cependant la paresse les retient longtemps ensemble après que leur goût est usé. Le plaisir, l'amitié, l'estime (liens fragiles) ne les attachent plus ; l'habitude les asservit.

Fuyez ces commerces stériles, d'où l'instruction et la confiance sont bannies : le cœur s'y dessèche et s'y gâte ; l'imagination y périt, etc.

Conservez toujours néanmoins avec tout le monde la douceur de vos sentiments. Faites-vous une étude de la patience, et sachez céder par raison, comme on cède aux enfants qui n'en sont pas capables, et ne peuvent vous offenser. Abandonnez surtout aux hommes vains, cet empire extérieur et ridicule qu'ils affectent : il n'y a de supériorité réelle que celle de la vertu et du génie.

Voyez des mêmes yeux, s'il est possible, l'injustice de vos amis ; soit qu'ils se familiarisent par une longue habitude avec vos avantages, soit que par une secrète jalousie ils cessent de les reconnaître, ils ne peuvent vous les faire perdre. Soyez donc froid là-dessus : un favori admis à la familiarité de son maître, un domestique aiment mieux dans la suite se faire chasser que de vivre dans la modestie de leur condition. C'est ainsi que sont faits les hommes ; vos amis croiront s'être acquis par la connaissance de vos défauts une sorte de supériorité sur vous : les hommes se croient supérieurs aux défauts qu'ils peuvent sentir ; c'est ce qui fait qu'on juge dans le monde si sévèrement des actions, des discours, et des écrits d'autrui. Mais pardonnez-leur jusqu'à cette connaissance de vos défauts, et les avantages frivoles qu'ils essayeront d'en tirer : ne leur demandez pas la même perfection qu'ils semblent exiger de vous.

Il y a des hommes qui ont de l'esprit et un bon cœur, mais remplis de délicatesses fatigantes ; ils sont pointilleux, difficiles, attentifs, défiants, jaloux ; ils se fâchent de peu de chose, et auraient honte de revenir les premiers : tout ce qu'ils mettent dans la société, ils craignent qu'on ne pense qu'ils le doivent. N'ayez pas la faiblesse de renoncer à leur amitié par vanité ou par impatience, lorsqu'elle peut encore vous être utile ou agréable ; et quand vous voudrez rompre, faites qu'ils croient eux-mêmes vous avoir quitté.

Au reste, s'ils sont dans le secret de vos affaires ou de vos faiblesses, n'en ayez jamais de regret. Ce que l'on ne confie que par vanité et sans dessein, donne un cruel repentir; mais, lorsqu'on ne s'est mis entre les mains de son ami que pour s'enhardir dans ses idées, pour les corriger, pour tirer du fond de son cœur la vérité, et pour épuiser par la confiance les ressources de son esprit, alors on est payé d'avance de tout ce qu'on peut en souffrir (1).

---

(1) Vauvenargues. *Maximes et Conseils à un jeune homme.*

APPENDICE au Chapitre IX

Ne fais rien dans la colère ; car mettrais-tu à la voile dans une tempête ?   DODSLEY.

Si vous êtes irrité, comptez jusqu'à dix avant de parler ; jusqu'à cent, si vous êtes en colère.
                    SEFFERSON.

La parole douce apaise la colère, la parole fâcheuse l'augmente.   SALOMON.

La colère est une courte démence.
                    SÈNÈQUE.

La vanité nous rend aussi dupes que des sots.
                    FLORIAN.

La fausse modestie est le dernier raffinement de la vanité.   GUINOT.

La vanité est l'orgueil des petites choses.

La Harpe.

—

Tout homme a trop en vanité ce qui lui manque en bon sens.

Pope.

—

Il ne faut pas avoir honte de demander ce que l'on ne sait pas. Brahme voyageur.

—

Seul celui qui ne fait rien ne se trompe pas.

Dicton populaire.

—

Il n'y a personne qui n'ait en soi quelque chose de bon, qui peut devenir excellent, s'il est cultivé. St-Evremond.

X

De la Médiocrité

Pour sortir de la médiocrité. — Le malheur est une rude école qui porte ses fruits. — Notre conduite envers ceux que nous employons. — Maxime du Cardinal de Retz.

Sentez-vous votre esprit pressé et à l'étroit dans votre état ? c'est une preuve que vous êtes né pour une meilleure fortune; il faut donc sortir de vos voies, et marcher dans un champ moins limité.

Ne vous amusez pas à vous plaindre, rien n'est moins utile; mais fixez d'abord vos regards autour de vous : on a quelquefois dans sa main des ressources que l'on ignore. Si vous n'en découvrez aucune, au lieu de vous morfondre tristement dans cette vue, osez prendre un plus grand essor : un tour d'imagination un peu hardi nous ouvre souvent des chemins pleins de lumière. Quiconque connaît la portée de l'esprit humain tente quelquefois des moyens qui paraissent impraticables aux autres hommes. C'est avoir l'esprit chimérique que de négliger les facilités ordinaires pour suivre des hasards et des apparences ; mais, lorsqu'on sait bien allier les grands et les petits moyens et les employer de concert, je crois qu'on aurait tort de craindre non-seulement l'opinion du monde, qui rejette toute sorte de hardiesse dans les malheureux, mais même les contradictions de la fortune.

Le malheur est une excellente école pour parvenir ; car cette opposition de la fortune élève un esprit courageux et lui fait ramasser toutes ses forces, qu'il n'employait pas.

***

Un grand industriel nous disait : « Qui n'a pas connu l'angoisse d'une échéance difficile n'est pas un véritable commerçant. »

En vertu de ce même principe, nous ajouterons : « Ceux à qui la réussite a été trop facile, sont à la merci du moindre insuccès. »

Habitués à n'avoir qu'à se baisser pour récolter, si une adversité quelconque s'abat sur eux, elle les trouve chancelants, déséquilibrés, incapables d'un effort sérieux.

Ceux au contraire qui ont peiné dans les débuts d'une entreprise, l'envisagent ensuite avec sérénité sous toutes ses faces. Ils ne redoutent pas le malheur ; certains vont presque, sinon à le désirer, du moins à le braver, pour le seul plaisir d'être sûrs de le vaincre.

Quand un déboire nous arrive, que nous n'avons pas prévu, sachons donc le considérer avec calme et en tirer le meilleur parti possible et aussi la meilleure leçon pour l'avenir.

Cherchons-en les origines, suivons-en la marche et gravons-en toutes les péripéties dans notre mémoire pour qu'elles nous servent d'expériences.

Si vous avez quelque passion qui élève vos sentiments, qui vous rende plus généreux, plus compatissant, plus humain, qu'elle vous soit chère.

Par une raison fort semblable, lorsque vous aurez attaché à votre service des hommes qui sauront vous plaire, passez-leur beaucoup de défauts. Vous serez peut-être plus mal servi, mais vous serez meilleur maître : il faut laisser aux hommes de basse extraction la crainte de faire vivre d'autres hommes qui ne gagnent pas assez laborieusement leur salaire. Heureux qui leur peut adoucir les peines de leur condition !

En toute occasion, quand vous vous sentirez porté vers quelque bien, lorsque votre beau naturel vous sollicitera pour les misérables, hâtez-vous de vous satisfaire. Craignez que le temps, le conseil n'emportent ces bons sentiments, et n'exposez pas votre cœur à perdre un si cher avantage. Il ne tient pas à vous de devenir riche, d'obtenir des emplois ou des honneurs ; mais rien ne vous peut empêcher d'être bon, généreux et sage. Préférez la vertu à tout : vous n'y aurez jamais de regret. Il peut arriver que les hommes qui sont envieux et légers vous fassent éprouver un jour leur injustice. Des gens méprisables usurpent la réputation due au mérite, et jouissent insolemment de son partage : c'est un mal ; mais il n'est pas tel que le monde se le figure ; la vertu vaut mieux que la gloire.

∗

C'est une maxime du cardinal de Retz, qu'il faut tâcher de former ses projets de façon que leur irréussite même soit suivie de quelque avantage : et cette maxime est très-bonne.

Dans les situations désespérées, on peut prendre des partis violents ; mais il faut qu'elles soient désespérées. Les grands hommes s'y abandonnent quelquefois par une secrète confiance des ressources qu'ils ont pour subsister dans les extrémités, ou pour en sortir à leur gloire. Ces exemples sont sans conséquence pour les autres hommes.

C'est une faute commune, lorsqu'on fait un plan, de songer aux choses sans songer à soi. On prévoit les difficultés attachées aux affaires ; celles qui naîtront de notre fonds rarement.

Si pourtant on est obligé à prendre des résolutions extrêmes, il faut les embrasser avec courage et sans prendre conseil des gens médiocres; car ceux-ci ne comprennent pas qu'on puisse assez souffrir dans la médiocrité, qui est leur état naturel, pour vouloir en sortir par de si grands hasards, ni qu'on puisse durer dans ces extrémités qui sont hors de la sphère de leurs sentiments. Cachez-vous des esprits timides. Quand vous leur auriez arraché leur approbation par surprise, ou par la force de vos raisons, rendus à eux-mêmes, le tempérament les ramènerait bientôt à leurs principes, et vous les rendrait plus contraires.

Croyez qu'il y a toujours, dans le cours de la vie, beaucoup de choses qu'il faut hasarder, et beaucoup d'autres qu'il faut mépriser; et consultez en cela votre raison et vos forces.

Ne comptez sur aucun ami dans le malheur. Mettez toute votre confiance dans votre courage et dans les ressources de votre esprit. Faites-vous, s'il se peut, une destinée qui ne dépende pas de la bonté trop inconstante et trop peu commune des hommes. Si vous méritez des honneurs, si vous forcez le monde à vous estimer, si la gloire suit votre vie, vous ne manquerez ni d'amis fidèles, ni de protecteurs, ni d'admirateurs.

Soyez donc d'abord par vous-même, si vous voulez vous acquérir les étrangers. Ce n'est point à une âme courageuse à attendre son sort de la seule faveur et du seul caprice d'autrui. C'est à son travail à lui faire une destinée digne d'elle.

APPENDICE au Chapitre X

Savoir tirer parti de sa médiocrité vaut mieux qu'une supériorité mal employée.

De Bernard.

Le plus malheureux des hommes est celui qui ne sait pas supporter le malheur.

Bias.

Il faut, en ce monde, être enclume ou marteau. Il faut qu'un cœur se brise ou se bronze.

Chamfort.

Il ne faut pas se presser de s'affliger. Attendons que ce qui nous paraît si mauvais se développe.

Fontenelle.

C'est dans le grand malheur surtout qu'il faut montrer de la confiance et du courage.

Horace.

XI

La Confiance en soi

La Confiance en soi. — La connaissance de soi-même. La Puissance Personnelle ou le Magnétisme Personnel. — Exemples. — Spontanéité. — Encore l'Egoïsme. — Les Secrets de la Vie. — L'Hypnotisme.

Virgile a dit : « On peut parce qu'on croit pouvoir. »

Admirable vérité : nous ne pouvons rien sans la confiance en nous-mêmes. De quoi est donc capable celui qui, avant de commencer une tâche doute qu'il parvienne à la réussir.

Autant la présomption est un vice qui nous achemine aux pires insuccès, parce qu'elle nous aveugle et que l'extrême orgueil que nous avons de nous nous fait envisager faussement les obstacles à surmonter, quand elle ne nous les cache pas entièrement, autant la confiance en nous-mêmes, notre force morale nous est de premier secours.

Il convient donc de nous arrêter longuement sur cette vertu, car elle nous permettra de résumer tous les précédents chapitres, et son étude servira en quelque sorte de conclusion à ce livre.

*
* *

La Confiance en soi présume une connaissance approfondie de nous-mêmes. C'est en tablant sur nos capacités, en sachant en imposer à nos défauts, que nous acquerrons assez de croyance en notre pouvoir personnel pour nous lancer en avant et atteindre notre but. Mieux le musicien connaît son instrument, mieux il en joue. Cela saute aux yeux; tout le monde nous comprendra sans que nous insistions sur ce sujet.

Or, nous avons donné dans de précédents chapitres la manière d'acquérir la connaissance de nous-mêmes. Nous y renvoyons notre lecteur. Il trouvera d'ailleurs à la fin de ce volume divers exercices qui l'aideront en cela.

La Confiance en soi est le commencement de la puissance personnelle.

Qu'est-ce donc que la puissance personnelle, ou magnétisme personnel ?

*
* *

Qu'est-ce que La Puissance Personnelle ?

La Puissance Personnelle est la faculté que nous possédons tous, hommes ou femmes, à des degrés divers, d'attirer à nous l'intérêt, la confiance, l'amitié ou l'amour ; c'est celle de nous imposer plus ou moins à notre prochain, selon que notre prochain aura plus ou moins que nous-mêmes de Puissance Personnelle.

Ceci posé, il va de soi que plus nous aurons éduqué, développé, concentré notre Puissance Personnelle, plus nous aurons chance de dominer, de trancher sur le commun des mortels qui vivent dans l'ignorance ou la non éducation de leur moi.

La Puissance Personnelle est indépendante de l'intelligence, bien que l'intelligence lui soit de puissant secours. Jusqu'ici, elle est indépendante de notre volonté, et c'est cependant la coopération de *toute* notre volonté avec elle qui la haussera à sa suprême puissance et nous donnera le pouvoir de vaincre.

Ceci demande à être étayé par quelques exemples.

Vous suivez au hasard d'une promenade un passant dans la rue. Que votre attention soit attirée sur lui par une vague ressemblance avec une personne qui vous est connue, ou que vous fassiez tout autre remarque sur sa tournure ou sur sa toilette, sans malice, sans volonté soutenue, automatiquement, pour ainsi dire, vous fixez vos regards sur lui.

Neuf fois sur dix, le passant se retourne. Pourquoi, si ce n'est parce que votre influence personnelle, tout indépendante de votre intelligence et de votre vouloir qu'elle soit, a agi sur lui ?

Donc, le passant se retourne et vous voit.

Mettez alors dans vos regards une intention, *une pensée*. Et sous le fluide évident de vos yeux, cet homme, aussi innocent qu'il puisse être, se troublera, comme le malfaiteur défaille sous les prunelles perspicaces du policier.

C'est que vous possédez en vous, de façon sans doute infime, l'ascendant que les oiseaux de proie ou le serpent ont sur des êtres que nous disons plus faibles qu'eux, mais qui, à la vérité, ne possèdent pas au même degré que ceux qui *les charment* et *les dominent*, la Puissance Personnelle.

Il est facile de déduire de ce qui précède que si l'oiseau de proie ou le serpent poussent à une telle acuité leur Puissance Personnelle c'est que tout l'effort de leur cervelle étroite se centuple sur un seul point, celui de leur subsistance, le besoin de se nourrir et de vivre, à quoi tend leur unique instinct.

*
* *

Et cela prouve péremptoirement que si la Puissance Personnelle est, comme nous l'énoncions plus haut, indépendante de la volonté, la volonté lui est indispensable pour obtenir toute son ampleur ; la *volonté*, et nous l'avons dit l'*intelligence*.

*
* *

Le secours que l'intelligence apporte à la

Puissance Personnelle est si évident qu'il est presque superflu de l'analyser ici.

La Puissance Personnelle jointe à la volonté est la force motrice de la machine humaine ; l'*Intelligence* en sera le régulateur et le gouvernail. Sans boussole et sans gouvernail le vaisseau le plus puissant est livré, désemparé, à la furie des vents et des vagues.

Je pense, donc je suis. Cet axiome philosophique de Descartes, s'applique exactement au rôle de la Pensée, c'est-à-dire de l'Intelligence sur tous les actes de notre vie.

L'Intelligence a été, de longue date, l'objet de tous les soins des pédagogues, voire des pères de famille scrupuleux et éclairés. Aussi la considérant comme existante chez les sujets qui s'intéressent à l'Education de la Pensée (et rien que de s'y intéresser, n'est-ce pas preuve indiscutable de haute intelligence, déjà ?) nous contenterons-nous de l'employer dans nos définitions comme un appoint acquis, et, tout au plus, de la diriger vers la solution que nous voulons atteindre.

※

Nous avons dit que la Puissance Personnelle existe à l'état latent dans tout individu, homme ou femme, et nous avons donné un exemple, le premier qui se rencontra sous notre plume, de cette force inutilisée et inconsciente que nous possédons tous.

C'est trop peu pour l'importance d'un tel sujet.

Montrons, à présent, comment, faute d'une éducation rationnelle, nous gâchons le fluide magnétique qui est en nous, et le dispersons, sans intérêt pour notre bien-être, notre situation sociale, notre bonheur particulier, notre avenir. Ce sera démontrer, du même coup, quel parti inépuisable nous en pouvons tirer, avec un peu d'intelligence et toute la bonne volonté dont nous sommes susceptibles.

LA SPONTANÉITÉ ET L'EGOISME, ces deux sentiments d'ordre si contraire, sont sans, contredit, les deux fêlures de notre âme par quoi s'échappe d'abondance et inconsidérément notre fluide magnétique.

La Spontanéité, *vertu lorsqu'elle est consciente, défaut si elle n'est qu'automatique.* — La Spontanéité ou élan qui nous jette au-devant de notre semblable pour lui confier un secret — souvent qui n'est pas le nôtre, — lui proposer nos services, — quand un éclair de réflexion suffirait à nous convaincre que nous sommes dans l'impossibilité matérielle ou morale de les lui rendre ; — La Spontanéité, ou *congestion* subite de toutes nos facultés en un ressaut vindicatif, un besoin *aveugle* de vengeance ; La Spontanéité *hâbleuse* ou la spontanéité *colère* ; La Spontanéité, expansion naturelle qui nous fait exagérer en paroles ou en gestes nos pensées et nos actes ; La Spontanéité, est une déperdition *irrémédiable* de son fluide magnétique pour celui qui n'est pas à même d'écouter et de suivre avec constance et bonne volonté les conseils des « *Secrets de la Vie* ».

Alphonse Daudet, dans son immortel *Tartarin*, nous montre un individu tout spontané, s'agitant, se répandant, se dispersant en bruit, en mouvement, en jactance, en actions éclatantes et vaines. C'est un héros dans bien des chapitres de sa vie, mais un héros incapable, inutile, un moulin qui broierait le vide.

Quel tout autre homme, et peut-être quel génie Tartarin eût été, si au lieu de dépenser son fluide magnétique en exploits, qui équivalent tout au plus à des pirouettes, il l'avait gardé par devers lui, ce fluide, il l'avait accumulé, concentré, décuplé encore, par une éducation intelligente, une volonté têtue, pour ne le faire servir qu'à des projets mûrement réfléchis, arrêtés, à quelque belle découverte, à quelque grande cause !

Hélas ! il en va ainsi de nous. Tout homme porte en soi un Tartarin qui sommeille, ou bien... qui veille, pour le plus grand dam de son influence morale, de sa Puissance Magnétique.

*
* *

Avec la SPONTANÉITÉ inconsciente, l'EGOÏSME, conscient ou non, lui, est le plus grand motif de déperdition de notre fluide magnétique.

En effet, à vouloir conserver pour soi tout l'effort dont on est capable, à ne le distribuer qu'avec parcimonie, à ne le faire servir qu'à des visées étroites et personnelles, rien ne s'en répand sur autrui et on ne subjugue que soi-même.

D'ailleurs, quand le but n'est pas élevé, comment les moyens pour l'atteindre le seraient-ils ?

Aussi riche en fluide magnétique que l'Egoïste puisse être, ce fluide, à ne pas être cultivé, s'étiolera bientôt. L'Egoïste perdra la sympathie de son semblable, éveillera le soupçon ; et, isolé, dans l'impossibilité de toute influence sur personne, ne trouvera plus pour *parvenir* que le chemin de l'avarice, vice imbécile, certes, puisqu'il ne profite même pas à celui qui le pratique.

***

Pour être efficace, notre MAGNÉTISME PERSONNEL, condensé par une intelligence sage, mis au service d'une volonté forte, doit rayonner sur la voie que nous nous sommes tracée, éclairer notre route, en imposer à ceux qui tenteraient de nous barrer celle-ci.

Les savants mis à contribution pour la rédaction des Secrets de la Vie (1), ont établi la loi qui régit le Pouvoir Magnétique. C'est la loi des courants mentaux. Ces courants, naturels chez quelques hommes qui les possèdent à haut degré, peuvent être produits, chez d'autres, et mis en action absolument comme les courants électriques. C'est le secret de la science psychique.

Cette science, venons-nous de dire, quelques rares privilégiés la pratiquent sans avoir eu recours, au préalable, à l'apprentissage. Mais ceux-ci sont bien des privilégiés, de trop rares privilégiés.

Les médecins, les plus grands, les désabusés, les convaincus de la fragilité de leur art et des défaillances de la thérapeutique ou du Codex, usent de cette science avec doigté, réflexion, esprit et certitude.

---

(1) « Les Secrets de la Vie », quatre beaux volumes richement brochés et réunis sous une même couverture et comprenant : 1° *Le Magnétisme Personnel*, 2° *L'Hypnotisme*, 3° *Le Traitement Magnétique*, 4° *La Force Pensée*. (Bureaux d'Etudes Psychiques, éditeurs).

N'est-ce pas eux qui d'une pression de main, d'une parole, d'un regard, suggestionnent à ce point leurs malades, qu'ils les arrachent à la névrose et les rendent à la santé, à la joie de penser, d'aimer, de vivre !

Il en est d'autres, mais inconscients de la force qu'ils détiennent, ceux-ci, qui en usent bellement et noblement, parce que, d'elle-même, si puissante ! elle irradie d'eux. Ce sont les officiers, qui d'un geste enlèvent leurs hommes, les lancent dans la mitraille, leur communiquent la bravoure, le patriotisme, l'insouciance, voire le plaisir du danger, leur ardeur de vaincre et de faire grand !

Niera-t-on l'existence du MAGNÉTISME PERSONNEL, après cet exemple ? Que serait donc l'influence d'un seul homme sur des milliers d'hommes, sinon le courant mental qui l'élève au niveau d'un dieu, le fluide magnétique qui rayonne de ce front, de cette âme, pour enflammer tant d'autres âmes, et faire d'un apathique un belliqueux et un héros d'un lâche !

* * *

Tous les grands penseurs, les grands écrivains, les grands artistes ont possédé une part royale de MAGNÉTISME PERSONNEL.

C'est grâce à leur fluide magnétique, qu'ils nous communiquent encore, longtemps après qu'ils ont vécu, par le pinceau, par la plume, par le burin, une émotion égale à celle qu'ils ont ressentie. Leur PUISSANCE PERSONNELLE les immortalise.

Voyez une phalange d'instrumentistes ? Tant vaut le chef, tant vaut l'orchestre. Tous les orchestres — nous entendons ceux des grands concerts ou des théâtres de marque — sont composés de musiciens d'égale valeur, la plupart premiers prix de Conservatoires, excellents râcleurs de cordes, ou connaissant à merveille les ressources des bois et des cuivres.

D'où vient que la foule acclamera les uns, tandis qu'elle restera parfaitement indifférente aux accents des autres, bien que tous soient de force identique et jouent les mêmes morceaux ?

C'est que les premiers ont à leur tête un chef, un artiste, qui possède, ce que communément on appelle *de l'ame* et que nous appellerons, nous, plus scientifiquement, le magnétisme personnel, fluide que, du haut de son pupitre, par les yeux, par son bâton cadençant la mesure, il répand sur ceux qu'il dirige, pour leur communiquer, une parcelle de son génie.

Et nous, tous, nous avons été en butte au MAGNÉTISME PERSONNEL ou PUISSANCE PERSONNELLE, qu'il sorte de nous ou que nous le subissions d'autrui.

Souvenez-vous, repliez-vous sur vous-même, n'avez-vous pas, maintes fois, été influencé par cette force subtile ?

N'aimez-vous pas instinctivement telle personne, et, sans raison, n'éprouvez-vous pas de l'aversion pour telle autre ?

Vous rendez-vous compte de quel secours vous serait la faculté d'éveiller à votre gré, d'une manière intelligente, la confiance, la sympathie ? de vous imposer, par votre esprit, par votre charme, par le groupement de toutes vos qualités attractives ?

Eh bien ! par une exacte compréhension de la loi des courants mentaux, cela devient, non seulement possible, mais avec un peu de persévérance, facile.

*
* *

Mais la place est comptée dans ce livre, au rédacteur de cette étude sur la Puissance Personnelle, et force lui est bien de renvoyer le lecteur que ces notes ont pu intéresser au Cours complet édité par la Société des Etudes Psychiques.

Je l'approuve en tous points. Nulle part ailleurs, les courants mentaux n'ont été analysés avec une telle minutie, et, aussi, avec une semblable virtuosité. Ce premier volume des « Secrets de la Vie », qui traite particulièrement du Magnétisme Personnel, est un chef-d'œuvre de bon sens, de clarté, et le seul remède à toutes nos défaillances.

Grâce aux Cours édités par les Bureaux d'Etudes Psychiques, vous conquerrez toute votre personnalité, toute votre *Force Pensée*; vous développerez ce fluide magnétique, si indispensable à tous nos actes, si nous voulons réussir dans la vie.

Patron, vous apprendrez à devenir maître

de tous vos moyens, vous posséderez peu à peu l'ascendant nécessaire pour en imposer à votre clientèle, la charmer, vous l'attacher, et en même temps pour diriger vos ouvriers de façon tranquille et sûre. On obéira à votre regard. De votre cabinet, vous tiendrez le fil conducteur de votre fortune, et votre esprit rayonnera sur tous ceux avec qui vous êtes quotidiennement en rapport.

Employé, sachez augmenter votre force morale ; faites en sorte que, par la puissance de votre Magnétisme personnel, vous deveniez après quelques semaines d'études sérieuses, indispensable à celui qui vous emploie ; élevez-vous au niveau d'un collaborateur dûment apprécié, au lieu de demeurer l'humble rouage d'une administration, l'unité méconnue que vous êtes peut-être aujourd'hui.

Et vous, officier, médecin, artiste, les nombreux exemples que nous donnons plus haut vous montrent assez quel peut être votre rôle dans la vie, quand vous aurez acquis la totalité de votre fluide magnétique.

Femme, enfin, être faible à la merci d'un

mari pas toujours équitable, haussez-vous au-dessus des mesquineries conjugales, devenez forte, que votre Magnétisme Personnel vous rende toute l'influence, d'esprit, de cœur, que, dans l'ignorance des courants mentaux, vous avez perdue.

∴

Et nous dirons à tous : Ne vous découragez pas, si, après quelques leçons, vous ne sentez pas l'efficacité de cette méthode. Persévérez. Peut-être, dans les commencements, éprouverez-vous une étrange sensation, celle du fluide qui vous pénètre, tend vos nerfs, afflue à votre cerveau. Sensation peu agréable ? Qu'importe? Elle ne sera que passagère. Persévérez ! Persévérez !

Et quand, enfin, vous aurez conquis toute votre Puissance Personnelle, que vous serez à même d'agir, de commander, de vous imposer en maître, les Bureaux d'Etudes Psychiques vous seront reconnaissants si vous voulez bien leur adresser quelques brèves notes sur votre cas particulier, qui leur seront une référence.

.·.

Nous ne voudrions pas terminer cette étude sans dire quelques mots, en passant, de l'Hypnotisme.

A notre insu même, cette force s'exerce sur notre pensée et elle gagnerait certainement à être connue de ceux qui ont soif d'éducation intellectuelle.

Mais ce n'est pas notre rôle de nous étendre longuement, ici, sur ce sujet. Nous préférons tout de suite renvoyer notre lecteur au joli volume sur l'Hypnotisme édité par les Bureaux d'Etudes Psychiques, volume qui fait partie intégrante des intéressants cours des *Secrets de la Vie*.

Nous ne ferons qu'effleurer la question.

Qu'est-ce donc que l'Hypnotisme ?

Hiram Jackson, l'auteur du livre traitant ce sujet dans les Secrets de la vie, le dépeint ainsi :

« L'Hypnotisme est l'art de subjuguer cette partie de l'esprit qui est consciente et d'en stimuler cette autre partie qui est sous-consciente.

et que les Américains appellent le *Dream-mind.* »

Nous devons nous contenter de cette définition qui est encore la plus claire de toutes celles émises jusqu'à ce jour, celle qui vient de l'auteur le plus compétent au monde dans la matière.

*
* *

Aussi loin que l'on remonte dans le passé et dans l'histoire, dans tous les temps et dans tous les pays, l'Hypnotisme a eu des adeptes.

On l'appela de différents noms : *Catalepsie, léthargie, extase, somnambulisme, fétichisme,* » *sorcellerie,* etc., etc., mais tous ces noms désignent au fond une seule et même chose sans doute encore bien embryonnaire : l'Hypnotisme.

Les fakirs de l'Inde, les Pythies, les Sibylles, les Pythonisses des Grecs et des Romains ne furent, à n'en pas douter, que d'excellents *médiums.* Mais ce n'est qu'à la fin du dix-huitième siècle que l'Hypnotisme, avec *Mesmer,* entra dans la voie scientifique, c'est lui qui découvrit le *magnétisme animal* dont il donna la définition suivante :

« Ce fluide est universellement répandu ; il est le moyen entre les corps célestes, la terre et les corps animés. Le corps animal éprouve les effets de cet agent et c'est en s'insinuant dans la substance des nerfs qu'il les affecte immédiatement. On reconnaît particulièrement dans le corps humain « des propriétés analogues « à celles de l'aimant, on y distingue des pôles « également divers et opposés... »

« L'action et la vertu du corps animal peu-
« vent être communiqués d'un corps à d'autres
« corps inanimés. Cette action a lieu à une
« distance éloignée, sans le secours d'un corps
« intermédiaire ».

« Quoique ce fluide soit universel, tous les corps animés n'en sont pas également susceptibles. Il en est même, *quoiqu'en très petit nombre*, qui ont une propriété si opposée que leur seule présence détruit tous les effets de ce fluide dans les autres corps... »

« La propriété du corps animal qui le rend susceptible de l'influence des corps célestes et de l'action réciproque de ceux qui l'environnent, manifestée par son analogie avec l'aimant, m'a déterminé à la nommer *magnétisme* animal... »

« Le magnétisme peut guérir immédiate-
« ment les maux des nerfs et médiatement les
« autres. Il perfectionne l'action des médica-
« ments. Il provoque et dirige les crises salu-
« taires de manière qu'on peut s'en rendre
« maître ». Par son moyen, le médecin connaît
l'état de santé de chaque individu et juge avec
certitude l'origine, la nature et les progrès des
maladies les plus compliquées, il en empêche
l'accroissement et parvient à leur guérison,
« sans jamais exposer le malade à des effets
« dangereux ou à des suites fâcheuses quels
« que soient l'âge, le tempérament et le
« sexe. »

« LA NATURE, CONCLUT MESMER, OFFRE DANS LE TRAITEMENT MAGNÉTIQUE UN MOYEN DE GUÉRIR ET DE PRÉSERVER LES HOMMES ».

Voici donc comment s'exprime sur le Magnétisme et l'Hypnotisme, le premier homme qui
ait étudié scientifiquement ces deux forces,
celui à qui, disent les chroniques du temps,
était donné le pouvoir de rendre la vue aux

aveugles, de faire parler les muets, entendre les sourds et marcher les paralytiques.

Certainement les cures attribuées à *Mesmer* et son traitement magnétique et hypnotique furent considérablement exagérés. Il n'en est pas moins vrai qu'émerveillés par ses miraculeuses guérisons, le roi Louis XVI d'abord, la reine Marie-Antoinette ensuite par l'intermédiaire de M. de Maurepas, firent proposer à Mesmer une pension viagère de 20.000 livres et la propriété d'un hôpital où il exercerait sa science, à la seule condition qu'il divulgât son secret aux médecins. Assoiffé d'orgueil, Mesmer refusa, et ceci sera éternellement une tache sur sa mémoire.

**

Le temps et surtout les progrès scientifiques ont fait justice de certaines assertions de Mesmer. Il serait puéril de prétendre à notre époque qu'une corrélation quelconque put 'exister entre *les planètes et les êtres*, par exemple !

Mais qui niera que les corps humains possèdent *une propriété analogue à celle de l'aimant* ? Sans doute, pour être absolument exacte, cette théorie de Mesmer devrait-elle être appuyée sur les rapports qui existent d'esprit à esprit et que nous avons appelés les courants mentaux. Car c'est plus l'esprit que le corps qui possède cette propriété dont parle le célèbre magnétiste.

N'importe, le fait est là.

Donnons en un exemple, que tous nos lecteurs, avec un peu de volonté, de FORCE-PENSÉE, et de fluide, mettront facilement en pratique.

Prenez un sujet, homme ou femme, d'esprit débonnaire et influençable. Cette recommandation est utile, étant donné que vous n'avez jamais fait d'études Psychiques sérieuses et que les SECRETS DE LA VIE ne vous ont pas appris à condencer votre Moi.

Plus tard, vous pourrez vous livrer sur quiconque à cette expérience, et à beaucoup d'autres, amusantes et constituant de charmantes distractions de société, ou bien d'un intérêt capital pour le repos mental et la santé de ceux qui vous sont chers.

Mais revenons à notre exemple :

Priez votre sujet de se placer devant vous et

de vous tourner le dos, et avertissez-le que par de simples *passes* ou tractions dans le vide, faites à hauteur de ses omoplates, SANS LE TOUCHER, vous aller l'attirer insensiblement en arrière, jusqu'à ce qu'il se sente tomber sur vous.

Encore une fois, il est tout à fait indispensable que votre sujet se prête de bonne volonté et sans plaisanterie à votre expérience, qu'il ne s'y oppose en rien et *soit sincère*, car nous ne prétendons pas que votre *fluide personnel* agisse sans éducation préalable sur tout individu même réfractaire.

Que votre sujet ne pense à rien et qu'il consente à vous subir. Placé comme nous l'avons dit, regardez-le fixement derrière la nuque et en concentrant toute votre pensée sur la seule volonté de l'attirer en arrière comme vous l'en avez averti; commencez *les passes*. C'est-à-dire : à hauteur de ses omoplates, SANS LE TOUCHER, ouvrez les dix doigts et refermez-les tour à tour, avec l'imperceptible mouvement d'attirer à vous la personne que vous suggestionnez. Cela lentement, doucement, avec l'unique effort de votre vouloir passant par vos mains.

Vous verrez peu à peu votre sujet s'incliner, venir à vous, où, pour être plus exact, vous l'entendrez dire, croyant que vous le tirez réellement par les épaules : « Oh ! ce n'est pas de jeu, vous me touchez, vous me touchez... »

Et vous aurez toutes les peines du monde à le convaincre que vous ne l'avez même pas frôlé de vos doigts.

Cette expérience très enfantine et à la portée de tous, vous devez la réussir *si vous le voulez bien* ; elle prouve péremptoirement l'exactitude de ce que nous apprend Mesmer, à savoir : « que nous possédons en nous une propriété « comparable à celle de l'aimant. »

Mesmer dit que le fluide magnétique peut être communiqué d'un corps à d'autres corps animés (nous venons de le montrer) et inanimés.

Cela paraît plus fort.

L'expérience de la Table Tournante, plus amusante que savante, quoique les prédictions qu'on obtient d'elle déconcertent l'esprit par leur exactitude, leur netteté, donne raison à la théorie de Mesmer ; et voilà péremptoirement prouvé que nous pouvons communiquer notre Magnétisme non seulement aux corps animés, mais aussi aux corps inanimés.

*
* *

Quoique ayant cité Mesmer, ce n'est pas à lui que nous emprunterons les exemples des cures rapides et merveilleuses obtenues par le TRAITEMENT MAGNÉTIQUE.

Depuis un siècle la science de l'hypnotisme a fait trop de progrès pour que nous remontions si loin ; nous trouverons à notre portée, tout près de nous, dans les expériences de Charcot, à la Salpétrière, des cas assez surprenants de guérison et tous contrôlables pour donner la foi aux plus incrédules.

N'est-ce pas Charcot qui, par la suggestion, rendit le mouvement aux paralytiques, la parole à des gens qui, à la suite de crises nerveuses, l'avaient totalement perdue ?

Ecoutez, d'autre part ce que raconte le Dr. Bernheim, au sujet d'une pauvre femme percluse de rhumatismes chroniques et, pensait-on, incurables :

« C'était une ménagère de 55 ans. Je lui
« dis : « Levez-vous donc puisque vous êtes
« guérie. Faites votre ouvrage. » La voilà qui
« se lève, s'habille, cherche une chaise, grimpe
« sur l'appui de la fenêtre, ouvre celle-ci et se
« met à laver les vitres consciencieusement sur
« les deux faces. Puis elle fait son lit, balaie le
« parquet de la salle avec un balai qu'on lui
« apporte. Une fois réveillée, elle ne se sou-
« vient de rien et croit avoir paisiblement dor-
« mi sur une chaise. »

Nous avons tenu à transcrire ici cette constatation du grand médecin, mot à mot.

Mais si la suggestion est capable de pareilles
cures physiques, à quelles cures morales ne
peut-elle être employée !

L'Hypnotisme, le Traitement Magnétique
ne sont-ils pas les seuls remèdes du spleen, de
l'ennui, du découragement et de cette neuras-
thénie qui conduit au suicide et qui fait de nos
jours tant de victimes !

A l'aide de ces deux forces, vous viendrez à
bout des pires instincts. Tous les vices préco-
ces chez nos enfants, peuvent être réduits,

domptés par l'Hypnotisme ou le Traitement Magnétique.

Nous avons connu tel père dont le fils a failli être voleur et qui fut guéri de sa cleptomanie par une suggestion adroite et intelligente, telle femme qui fut retenue par son mari, fervent adepte des Etudes Psychiques, sur la pente fatale de l'adultère.

Mais sans aller si loin, l'Hypnotisme ne nous procure-t-il pas un champ vaste et varié d'expériences amusantes, de distractions inoffensives.

.*.

Vouloir c'est Pouvoir !

Les Américains l'ont compris avant nous.

De là vient la prospérité de leur pays. Grâce à l'Education de la Pensée, l'Amérique a vu s'élever de grands savants dont les découvertes déconcertantes étonnent le Vieux Monde, et ces fortunes incalculables de milliardaires auprès desquelles la richesse de nos Rotschild apparaît comme une économie de *bas de laine*.

Oui la faculté de *faire grand* n'appartient aux Américains que parce qu'ils ont su, de longue date, développer leur Pensée et leur Volonté.

Vouloir c'est Pouvoir !

Voudrons-nous, pourrons-nous, à notre tour en France ?

Ceux qui, en tous cas, cultiveront avant tous autres les forces que Dieu a mises en eux et que jusqu'ici ils ignoraient, acquerront sur leurs contemporains un ascendant, une puissance qui peuvent leur faire espérer l'avenir le plus brillant, tant au point de vue pécuniaire, qu'au point de vue honorifique. C'est la récompense promise aux laborieux de la Pensée Nouvelle.

Hélas ! chez nous, toute conception neuve rencontre un nombre immense de détracteurs. Les uns sont portés, par leur scepticisme, à douter, et même à rire de tout.

Les autres se croient liés par leur religion à ne rien entreprendre sans le *visa* de leur directeur de conscience.

Il faudrait s'expliquer à ce sujet, pourtant.

Un prêtre, un de nos plus glorieux prédicateurs, le Père Lacordaire, pour ne pas le nommer, dans de brillantes conférences de carême qu'il fit à Notre Dame de Paris, dès l'année 1851, reconnaissait l'existence du Magnétisme et saluait son étoile naissante.

Loin de le condamner, le grand dominicain le considérait « comme le dernier rayon de la « puissance adamique destiné à confondre la « raison humaine et à l'humilier devant Dieu ». Qui donc mettra en doute la foi du Père Lacordaire ?

Ne soyons pas plus royalistes que le roi. Profitons de toutes les sciences que Dieu a mises à notre disposition pour étendre notre bien-être et nous rapprocher de lui. Car si nous devions laisser inutilisées les forces naturelles que nous ne parvenons pas à expliquer, que ferions-nous de l'Electricité, des Rayons X, des Rayons N, et que seraient le télégraphe, le téléphone, le phonographe, etc., etc.

APPENDICE au Chapitre XI

On peut parce qu'on croit pouvoir.

VIRGILE.

L'artiste qui ne croit jamais en lui est perdu.

DELPIT.

Toute révélation d'un secret est la faute de celui qui l'a confié.

LA BRUYÈRE.

Chacun est l'artisan de sa bonne fortune.

Mathurin REGNIER.

Ceux qui se plaignent de la fortune n'ont souvent qu'à se plaindre d'eux-mêmes.

VOLTAIRE.

Nos doutes sont des traîtres qui nous font perdre le bien que nous pourrions faire, en nous détournant de l'essayer.

SHAKESPEARE.

EXERCICES RECOMMANDÉS

POUR

L'Education de la Pensée

"L'HYPNOGRAPHE"

Voici un petit appareil simple et ingénieux, susceptible de rendre de grands services à l'élève dans l'Education de la Pensée.

L'Hypnographe a d'abord été imaginé pour l'emploi du traitement Hypnotique. Par l'usage de cet instrument, chaque homme peut, en effet, arriver dès le premier essai à un état de demi-hypnose ou à une plus haute admissibilité. Cet état est obtenu quand les conseils sont suivis exactement. L'Hypnographe a une réaction très caractéristique sur l'œil et fait une vive impression sur l'esprit. L'influence en est parfaitement scientifique et, par cela même inoffensive. L'exercice en est facile, pénétrant et très bienfaisant. Chacun peut en apprendre l'emploi en lisant attentivement les réflexions qui l'accompagnent.

En vertu de ce principe que « qui peut le

plus, peut le moins » vous arriverez facilement à l'aide de l'Hypnographe à vous concentrer, à rassembler tout votre esprit sur un même objet, et sur l'étude que vous vous proposez.

Les rayons visuels qui agissent sur les courants mentaux et les totalisent éviteront de se porter ailleurs que sur le but que vous voulez atteindre.

D'ailleurs, le mode d'emploi de l'appareil en dira plus long et vous éclairera mieux que beaucoup de phrases.

MODE D'EMPLOI

Asseyez-vous commodément sur une chaise, en ayant soin de tourner le dos à la lumière. Placez l'Hypnographe en le tenant des deux mains entre le pouce et l'index, à 60 ou 70 centimètres de votre visage, bien de face et à hauteur de vos yeux. Manœuvrez, par un mouvement régulier des doigts, la feuille mobile qui est au dos du carton, de manière à amener dans la place blanche, réservée en haut de l'appareil, celui des titres imprimés en rouge que vous désirez avoir sous la vue. Fixez le petit point blanc, au centre de l'image en concentrant mentalement votre attention sur le but que vous vous proposez.

L'exercice, au début, ne devra pas excéder de 3 à 4 minutes, en progressant graduellement jusqu'à 12 ou 15 minutes.

L'effet se produira sans retard.

N'exagérez pas.

EXERCICES SUR LA CONCENTRATION

Nous empruntons les lignes qui vont suivre au merveilleux petit ouvrage édité par les Bureaux d'Etudes Psychiques et qui a pour titre *La Force Pensée*.

Nous ne pensons pas que l'on puisse donner des exercices plus salutaires à la concentration. Or, la concentration est la source même de l'Education et de la Pensée.

A. « Se concentrer » c'est s'isoler de toutes les impressions extérieures, forcer l'attention, vaincre l'indifférence et dominer tout à la fois ses forces physiques et ses forces intellectuelles. Le corps, dans cette opération, doit être placé sous le contrôle direct de l'esprit ; l'esprit sous le contrôle direct de la volonté. La volonté constitue en elle-même une force suffisante pour se passer de tout concours et suffire aux divers emplois qu'on lui demande, mais l'esprit n'est par lui-même qu'une force très insuffisante et qui ne peut remplir l'objet qu'on lui assigne qu'autant qu'on le place sous le contrôle direct de la volonté. Ainsi fortifié par la volonté, l'esprit devient un foyer ou un réflecteur de pensées extrêmement ardent et toutes les vibrations qu'il projette ont une force d'extension et de pénétration considérable.

Dans les exercices qui vont suivre, nous nous occuperons tout d'abord de placer le corps sous le contrôle et sous la direction de l'esprit.

Le premier exercice, auquel il faut se livrer avant d'aborder les expériences importantes qui vont faire l'objet de ce chapitre, a pour objet de discipliner les mouvements musculaires. Il peut sembler à première vue très facile de contrôler et de diriger les mouvements musculaires, mais ce contrôle est au contraire extrêmement malaisé et nécessite toute une série d'expériences et d'efforts. Nous ne saurions trop recommander à nos lecteurs les exercices qui vont suivre.

A 1. S'ASSEOIR ET SE TENIR IMMOBILE. La

chose n'est point si simple qu'elle paraît. Vous aurez tout d'abord à vous défendre contre les mouvements involontaires de vos muscles et contre le besoin d'action qui semble être celui de tout notre organisme, mais un peu de persévérance vous permettra de discipliner vos muscles jusqu'à l'immobilité complète. Après quelques jours d'efforts méthodiques, il vous sera facile de réaliser les conditions de l'expérience. Vous pourrez vous asseoir tranquillement sur une chaise et y demeurer absolument immobile pendant un quart d'heure ou vingt minutes. Le meilleur conseil qu'on puisse donner à ceux qui s'entraînent, c'est de s'asseoir dans un bon fauteuil ou de s'étendre sur une chaise-longue, de s'envelopper d'autant de confort que possible, de se détendre, de s'amollir, de se dégager pour ainsi dire de toute son enveloppe charnelle et de rester dans cette position le plus longtemps possible. Un minimum de cinq minutes est absolument nécessaire. Cette expérience devra être reprise fréquemment. On ne la cessera que lorsqu'on aura atteint ce degré d'immobilité indispensable au succès des expériences qui vont suivre. Il sera bon de procéder avec méthode. Les premières expériences devront durer au moins cinq minutes, les suivantes au moins dix minutes et les dernières approcher un quart d'heure. Il sera difficile de les prolonger au delà de vingt minutes. L'homme a un si grand besoin de mouvement que ce serait forcer par trop sa nature de demeurer dans un état d'immobilité absolue pendant un plus long temps. Ceux de nos lecteurs qui se livreront à cet exercice préliminaire devront y apporter toute la persévérance et toute l'énergie dont ils sont capables; de rares exercices ou des exercices trop mous ne conduiraient à aucun résultat appréciable. Qu'ils se gardent toutefois de toute raideur. Il ne doit y avoir nul effort pour les muscles. Un relâchement de tout l'être physique s'impose d'une façon absolue. Quand on aura acquis dans cette voie une expérience suffisante, on pourra aisément, quel que soit l'état de fatigue où l'on pourra se trouver, se reposer et se détendre; et comme les maladies sont presque toujours amenées par un excès de fatigue, on aura ainsi accru d'une manière appréciable ses chances de santé.

A 2. Tenez-vous droit sur votre chaise, la tête ferme, le menton développé et les épaules aussi effacées que possible. Elevez votre bras droit jusqu'à hauteur de votre épaule et dans le prolongement de celle-ci. Tournez votre tête à droite en regardant l'extrémité de votre main et en maintenant votre bras dans sa position horizontale pendant une minute au moins. Faites la même expérience avec le bras gauche et quand vous êtes arrivé à des mouvements précis et aisés, augmentez-en la durée de jour en jour. Accroissez-en le temps de une à deux minutes, puis de deux à trois et ainsi de suite jusqu'à cinq. Si la paume des mains est en-dessous, l'expérience vous sera plus facile. En fixant l'extrémité de vos doigts, vous pourrez vous assurer également que votre bras est parfaitement tendu.

A 3. Prenez un verre d'eau, tenez-le entre vos doigts et tendez votre bras droit bien en face de vous. Immobilisez-le autant que possible de manière à éviter à votre verre toute trépidation. Augmentez la durée de l'expérience de la manière et dans la proportion indiquées précédemment.

A 4. Evitez, dans vos occupations quotidiennes, les trop grandes tensions de muscles; donnez-leur au contraire autant de relâchement et d'aisance que possible. Que votre attitude soit souple, que votre démarche soit bien équilibrée, que tout dans votre personne respire la santé et la grâce. Les exercices mentaux vous aideront considérablement dans cet exercice; ils vous en faciliteront le succès; ils vous épargneront bien des efforts inutiles et bien des expériences fatigantes. Du moment que votre esprit travaillera, vos muscles et vos nerfs ne seront point tentés de se raidir. Evitez les balancements de chaise inutiles qui font croire que l'on est attaché au fonctionnement de quelque machine épuisante. Ne rongez pas vos ongles, ne vous mordez pas les lèvres, ne roulez pas votre langue dans votre bouche pendant que vous lisez, que vous étudiez ou que vous écrivez. Ne clignez point de l'œil. Ne vous laissez pas aller à ces tressaillements de corps qui sont si fréquents chez les gens nerveux et qui conduisent si vite à la fatigue et à l'épuisement. Astreignez-vous à supporter les bruits soudains ou les chocs inattendus : ne sourcillez pas à une porte qui se ferme, à un livre qui tombe, à un verre qui se brise, etc. En un mot, soyez maître de vous-même au physique comme au moral.

B. Les exercices précédents n'ont point d'autre but que de vous mettre à même de contrôler et de diriger vos mouvements musculaires involontaires et de les placer sous le contrôle de vos facultés actives. Les exercices qui vont suivre auront pour objet de vous mettre à même de placer vos mouvements musculaires volontaires sous le contrôle direct de votre volonté.

B 1. Asseyez-vous en face d'une table, placez vos mains sur cette table, les poings fermés et les doigts tournés en dehors; puis déployez lentement votre pouce en surveillant le mouvement avec toute l'attention que vous apporteriez à un acte de la plus grande importance. Cela fait, ouvrez lentement votre premier doigt, puis votre second, puis votre troisième, puis votre quatrième, puis votre cinquième et refaites à l'inverse la même série de mouvements. Commencez par la main droite, continuez par la main gauche et alternez ces exercices jusqu'à ce que vous ayez donné à vos mouvements une très grande rapidité et une parfaite souplesse. De cinq minutes que doivent durer vos premières expériences, passez à sept, huit, neuf, dix minutes progressivement.

Cet exercice est extrêmement fatigant, mais vous ne devez point l'abandonner sous prétexte de fatigue. La persévérance et l'esprit de méthode sont ici, comme en toute chose d'ailleurs, absolument nécessaires. En multipliant ces expériences vous ne tarderez pas à vous apercevoir qu'elles sont plus faciles et moins épuisantes. Il arrivera même un moment où vous pourrez vous y livrer pendant des quarts d'heure sans éprouver la moindre fatigue. Ne manquez pas de surveiller alternativement le déploiement et la contraction de vos doigts. Tout l'intérêt de l'expérience est là.

B 2. L'exercice qui va suivre est un des plus familiers. On a pu l'observer un peu partout. Il n'a d'ailleurs en général aucun objet précis. Il consiste à s'entrecroiser les doigts et à tourner lentement les pouces. Pendant toute la durée de l'exercice, l'attention du regard doit être concentrée sur ce mouvement.

B 3. Placez la main droite sur le genou, les doigts de la main fermés, à l'exception du premier qui doit être allongé et tourné perpendiculairement au corps. Cela fait, remuez le doigt de droite à gauche et de gauche à droite en surveillant le mouvement avec toute l'attention dont vous êtes capable.

Ces exercices doivent être multipliés jusqu'au plein succès. Il vous est permis d'ailleurs de les varier à votre gré. Le seul objet dont vous avez à vous préoccuper est de donner à vos doigts un mouvement alternatif et régulier et de surveiller ce mouvement avec une attention tout à fait exceptionnelle. Il ne sera pas aussi aisé que vous vous l'imaginez de maintenir toute votre attention sur le mouvement de vos doigts. Elle cherchera sans cesse à se distraire et à se disperser. Il vous faudra par conséquent la ramener incessamment par un effort constant de votre volonté, vers son objet. Imaginez-vous, par exemple, que vous êtes un maître d'école et que votre attention est un élève distrait, difficile et rebelle et agissez en conséquence. Soyez vigilant, soyez énergique, soyez impitoyable. Maintenez, sous votre discipline, l'élève rebelle et ne lui tolérez aucun écart. Si vous procédez ainsi, vous ne tarderez pas à vous apercevoir que vos muscles sont plus dociles, que le mouvement en est plus régulier et que toute votre attitude dépend de votre volonté. Chacun de vos gestes, chacun de vos actes se placera de lui-même sous le contrôle de votre volonté et l'on admirera la grâce de votre allure et la souplesse de vos mouvements.

Les exercices que nous allons expliquer, lecteur, ont pour but de vous permettre de concentrer toute votre attention sur quelque objet matériel en dehors de vous. Prenez un crayon, par exemple, et donnez-vous tout entier à cet objet. Considérez-le, retournez-le, pesez-le ; demandez-vous quel en est l'usage, quel en est l'objet, quelle en est l'utilité, quelle en est la matière première, quel en est le mode de préparation, etc. etc. Ne vous laissez distraire par rien. Absorbez-vous dans la concentration de ce pauvre crayon. Imaginez que vous ne sauriez donner à votre vie un meilleur emploi ni un plus noble but que l'étude de ce crayon. Imaginez-vous, même, que le monde tout entier se trouve résumé dans ce crayon et que l'univers ne contient que lui et vous. Attachez-vous à cette fiction, persistez-y, immobilisez-vous-y et votre expérience réussira. Mais il ne faut point croire que son extrême simplicité soit un gage de succès. Il vous sera, au contraire, d'autant plus malaisé de la mener à bien qu'elle est plus élémentaire. On fixe difficilement toute sa force intellectuelle à un objet misérable et la vôtre cherchera sans cesse à briser les limites dans lesquelles vous l'aurez enserrée. Mais ayez de la volonté, de l'énergie, de la persévérance et vous réussirez. Ce succès sera pour vous une victoire infiniment plus appréciable que vous ne pensez, car elle aura réduit à une obéissance passive votre esprit et vous pourrez, dans les circonstances importantes où vous aurez à y faire appel, y compter d'une façon absolue.

L'exercice précédent doit être renouvelé chaque jour et il est bon que chaque fois il présente une particularité nouvelle. Gardez-vous seulement de prendre comme but de votre attention un objet intéressant par lui-même, car vous n'auriez pas en ce cas un effort suffisant à faire et le résultat éducatif que vous recherchez ne serait point ou ne serait qu'incomplètement réalisé. Le seul danger de cette expérience est que votre esprit, ramené successivement sur une foule d'objets vulgaires, finira par n'en plus trouver aucun qui manque d'intérêt et cette facilité à rencontrer l'intérêt partout vous dispensera de cet effet de volonté qui est indispensable à l'éducation et à l'assouplissement de l'esprit.

Les exercices que nous venons de décrire sont absolument suffisants pour votre propre éducation ; il importe seulement que vous sachiez les varier et que vous donniez ainsi à votre esprit une série d'objets autour desquels il pourra se concentrer successivement. Il importe plus encore que ces exercices soient réguliers et que votre entraînement soit quotidien. Vous ne serez jamais embarrassé pour trouver autour de vous les objets qui vous seront nécessaires. Il vous suffira de les choisir.

Les exercices indiqués dans les leçons précédentes peuvent être pratiqués par vous plus intelligemment maintenant que vous comprenez l'avantage dont la concentration est susceptible. Vous pourrez " carry the thought " avec plus de facilité, concentrer plus d'énergie dans vos suggestions et mettre plus de force dans vos vibrations de pensée. Tout ira mieux ; votre regard s'affinera davantage et les exercices auxquels vous vous livrerez, en vue de la télépathie, aboutiront à un résultat infiniment plus efficace. C'est sans difficulté que vous arriverez à vous débarrasser de vos mauvaises habitudes et à leur en substituer d'excellentes. Vous serez maître de votre corps comme de votre esprit et toutes vos facultés serviront vos desseins. Le pouvoir que vous aurez gagné sur vous-même se manifestera aussi bien sur les autres. L'homme qui est capable de disposer de lui-même et d'en disposer d'une façon absolue, est tout aussi capable de disposer des autres. En fait, il se heurte aux mêmes résistances, aux mêmes difficultés et il les réduit, il les résout par les mêmes moyens. Nous ne saurions donc trop recommander à nos lecteurs l'exercice par eux-mêmes de leur esprit et de leur volonté. S'ils parviennent à assouplir l'un et à discipliner l'autre, leur puissance sera considérablement élargie. Ils verront leur influence s'accroître, leur action se développer et leurs chances de succès se multiplier.

TABLE DES MATIÈRES

Pages

INTRODUCTION

Education Physique. — Education de la Pensée. — Le cerveau est l'arme de l'homme. — Une pensée de Renan. — Comment a été rédigé le présent livre. — Son but. — Vouloir, c'est pouvoir.................. 1

APPENDICE A L'INTRODUCTION............. 17

CHAPITRE PREMIER

La Psychologie

Je pense, donc je suis. — La connaissance de soi-même. — Ce livre n'est pas un livre de morale. — Qu'est-ce que la Physiologie ? — Qu'est-ce que la Psychologie ? — La Psychologie est toute d'observation......... 19

APPENDICE AU CHAPITRE PREMIER......... 27

CHAPITRE II

De la Volonté

Se concentrer. — L'Instinct. — L'Instinct chez les animaux et chez l'homme. — Qu'est-ce que la volonté ? — Le Déterminisme. — Le plus grand ennemi de notre volonté, c'est nous-mêmes. — L'Egoïsme.......... 29

APPENDICE AU CHAPITRE II............. 42

CHAPITRE III
De la Volonté (*suite*)

Encore l'Egoïsme. — L'Egoïsme mobile de notre volonté. — L'Egoïsme obstacle à notre volonté. — La paresse est une forme de l'Egoïsme. — Concentration de notre Volonté. — Un exemple est un exercice............ 45
APPENDICE AU CHAPITRE III. 56

CHAPITRE IV
L'Etude de Soi-Même

Du but apparent et du but réel de nos actions. — Un exemple entre mille. — Autres exemples. — Le but à atteindre 59
APPENDICE AU CHAPITRE IV. 66

CHAPITRE V
De l'Habitude

L'Habitude entrave notre liberté. — Ce que Montaigne dit de l'Habitude. — L'Habitude néanmoins nécessaire. — L'Habitude engendre le vice et la vertu. — Citation de M. Marion. — Conclusion............ 67
APPENDICE AU CHAPITRE V. 79

CHAPITRE VI
De la Mémoire

Citation de M. Marion. — La Mémoire dans l'exercice de toutes nos facultés. — Comparaison. — La mémoire et l'expérience. — Le Journal Grand Livre de notre cerveau. . . . 81
APPENDICE AU CHAPITRE VI. 86

CHAPITRE VII
De la Sensibilité

Parenthèse ouverte par l'auteur. — Citation de M. Marion — La sensibilité. — Une anecdote de M. Théodule Branche 87

APPENDICE AU CHAPITRE VII 101

CHAPITRE VIII
La Tolérance

Opinions empruntées à Théodule Branche. — Diverses explications de la Tolérance. — La Tolérance à travers les âges. — Tolérance religieuse. — Tolérance politique et sociale. — Tolérance intérieure et extérieure. — Conclusion 103

APPENDICE AU CHAPITRE VIII. 137

CHAPITRE IX
De nos rapports avec nos semblables

Ce que nous devons être vis-à-vis d'autrui. — L'emportement est un défaut ridicule. — Pour gagner la confiance des hommes. — Contre la vanité. — Nécessité de faire des fautes. — De la timidité. — De la familiarité. — Conclusion. 139

APPENDICE AU CHAPITRE IX. 155

CHAPITRE X
De la Médiocrité

Pour sortir de la médiocrité. — Le malheur est une rude école qui porte ses fruits. — Notre conduite envers ceux que nous employons. — Maxime du Cardinal de Retz 157

APPENDICE AU CHAPITRE X. 164

CHAPITRE XI
La Confiance en soi

La Confiance en soi. — La connaissance de soi-même. — La Puissance Personnelle ou le Magnétisme Personnel. — Exemples. — Spontanéité. — Encore l'Egoïsme. — Les Secrets de la Vie. — L'Hypnotisme. 165

APPENDICE AU CHAPITRE XI. 195

Exercices recommandés pour l'éducation de la pensée

L'Hypnographe. 119
Exercices sur la concentration 203

Typ. A. NOEL et CHALVON, 26, r. N. D.-de-Nazareth, Paris. — 3537-7-06

Documents manquants (pages, cahiers...)
NF Z 43-120-13

www.ingramcontent.com/pod-product-compliance
Lightning Source LLC
Chambersburg PA
CBHW071945160426
43198CB00011B/1553